ELOGIOS PARA *ORACIÓN RADICAL*

En *Oración radical*, Manny Mill nos envuelve con la idea de una vida de oración catalítica que puede ser mejor descrita como "radical". ¿Por qué? Dicho de manera simple, la autocomplacencia de hoy es la cautividad de mañana. Por consiguiente, los tiempos difíciles requieren reemplazar el cristianismo religioso y cómodo por una narrativa de fe infundida de una vid de oración que conecte la tierra con el cielo. Tal vida de oración encenderá una fe radical, fundada en amor radical y compelida por una verdad radical que al final emergerá como nada menos que belleza radical.

DR. SAMUEL RODRÍGUEZ
Presidente de la *Convención Nacional de Liderazgo Cristiano Hispano*

Al tejer las hebras de algunas historias asombrosas, la enseñanza de las Escrituras y su propia experiencia, Manny Mill ofrece un convincente y revelador llamado a la oración. El mensaje de este libro podría cambiar el panorama de la iglesia.

COLIN S. SMITH
Pastor principal, *The Orchard Evangelical Free Church*
Presidente de Unlocking the Bible

Manny Mill es tanto audaz como humilde. Su obra en la línea de combate en el ministerio de las prisiones en los Estados Unidos; y con ministerios orientados a los expresidarios requiere no solamente audacia y humildad, sino también oración radical. Aprenda de Manny y con él, mientras explora cómo se ve ese tipo de vida de oración.

DR. TONY EVANS
Pastor principal, *Oak Cliff Bible Fellowship*, Dallas

Oración radical de Manny Mill es una lectura obligada para todos nosotros. La oración es como nos comunicamos con Dios, y Manny explica cómo no es posible realizar la Gran Comisión sin la oración radical. Dado que Dios la ordena, queremos estar sometidos a su voluntad. *Oración radical* es el manual de Dios para habilitarnos para cumplirla.

WARDEN BURL CAIN
Penitenciaría Estatal de Louisiana Angola, Lousiana

Este libro es especial, pero no por quién es el autor o lo que ha logrado. En vez de ello, es por cómo ha sido honrado y santificado el nombre de Dios con las palabras escritas. En su propio modo transparente, Manny Mill nos comparte su travesía radical de oración que resultó en una relación con Dios enriquecida y transformadora.

C. WILLIAM POLLARD
Presidente, *Fairwyn Investment Company*

Como presidente de una organización comprometida con la práctica diaria de la oración por parte de nuestra facultad, personal y estudiantes, estoy especialmente agradecido por el desafío de *Oración radical*. Este libro es un toque de trompeta para la intercesión radical en un tiempo de urgente necesidad en nuestra sociedad, presentando de forma poderosa nuestra mayor esperanza para la transformación cultural.

DR. HUTZ H. HERTZBERG, DMIN, PHD
Presidente, Unión Cristiana

Hace algunos años, Chuck Colson insistió en que yo tenía que conocer a Manny y Bárbara Mill. Tan pronto lo hice, comprendí la urgencia. Manny y Bárbara son personas que están de forma regular, atenta y entusiasta, en la presencia de Jesús a través de la oración, y se nota. Este valioso libro revela a los lectores cómo desarrollaron esta feliz disciplina, y cómo esta ha construido en ellos un corazón apasionado que late por su Salvador y por cuantos Él vino a salvar.

JIM LISKE
Presidente and CEO, *Prison Fellowship*

Con total transparencia, Manny nos lleva por su tortuosa travesía personal hacia la oración radical; me hizo sentir la convicción de lo inadecuado de mi propia vida de oración. Su consejo es convincente y liberador, y ha resultado en una comunión con Dios más profunda y fresca.

DAVID K. GIESER, MD
Wheaton Eye Clinic, Illinois

Manny Mill ha escrito un recordatorio vital para nuestro tiempo en materia de oración. Hay muchos libros buenos acerca de la oración. Si usted lee este libro, se consumirá por respirar cada aliento, cada día, para llevar gloria a nuestro Padre celestial. Este es el «porqué» de la vida cristiana y debería ser el mayor motivador de nuestro andar diario. Este es un mensaje sumamente necesario y un estímulo para la iglesia hoy.

BRIAN RHODES
Vicepresidente y Oficial Superior de Ministerio, *Awana*

¿Por qué otro libro acerca de la oración? Porque lo que Manny Mill comparte aquí es lo real. Su viaje personal de la autocomplacencia a la oración radical es una lectura obligada para cualquiera que sienta que está jugando con la oración. Será conmovido y motivado mientras lee la nueva disciplina de Manny de una oración que tiene la capacidad de alterar la vida.

HANS FINZEL
Presidente de HDLeaders y autor de los *best sellers, The Top Ten Mistakes Leaders Make* y *Change Is Like a Slinky*

Manny ha presentado un modelo bíblico para la oración que le llevará a una relación más profunda e íntima con su Padre celestial. Allí encontrará una mayor capacidad para amar y para orar por otros. Eso cambiará su vida para siempre.

SCOTT FILLINE
Coordinador de Grupos de Oración de CARBS

He conocido a Manny y a Bárbara por veinte años y puedo atreverme a decir que han vivido radicalmente para Cristo. *Oración radical* me ha desafiado a ir más allá en mi vida de oración, plenamente convencido de que cuando oramos, Dios hace cosas que no haría si no oráramos.

DR. JORGE L. VALDES
Emprendedor y autor del *best seller, Coming Clean*

Si Dios le ha llamado a no tan solo aprovechar el día (*carpe diem*) sino a aprovechar la eternidad (*carpe aeternitatum*) por sus hijos, sus alumnos, y sus amigos (algunos de los cuales podrían estar en prisión), ¡*Oración radical* es un libro que debe leer!

DAVID ROTH, EDD
CEO, *Christian Heritage Academy*, Northfield, IL

Muchos hombres han escrito muchos libros acerca de la oración, pero solo algunos han sido escritos por hombres de oración, movidos por el amor de Dios. *Oración radical* es uno de ellos. ¡Este libro provocará el corazón del pueblo de Dios para persistir en la oración bíblica transformadora para santificar el nombre de Dios y para mayor fama del nombre de Jesús!

PASTOR MARCO DAVID
Pastor principal, *Midwest Bible Church*

Se ha escrito mucho en materia de oración. Sin embargo, Manny Mill escribe desde la convincente perspectiva de su propia confesión. De manera persuasiva, Manny aborda preguntas tales como "¿por qué no oramos?" y "¿qué nos impide orar?". "Oración radical" explicará como el amor es el remedio que alimenta nuestro corazón para orar como nunca antes.

DR. SAMUEL M. HUDDLESTON
Superintendente Asistente de Distrito, Asambleas de Dios del norte de California y Nevada. Autor de *Five Years to Life*

Dios nos ha perseguido para que busquemos su rostro desde el Edén. ¡*Oración radical* llega en un momento en el que la iglesia necesita desesperadamente despertar y buscar el rostro de Dios! Este libro es fácil de leer, pero anima poderosamente a la iglesia para aprender a orar de forma bíblica.

JOSEPH S. AGNELLO, ABOGADO
Presidente de la Junta de Consejeros *Koinonia® National Ministries*

Leer *Oración radical* es obligatorio para cualquier creyente. Contiene una enseñanza compleja presentada en una forma que puede ser fácilmente comprendida y aplicada en nuestra propia vida. Es convincente, cautivante y desafiante. Los testimonios que contiene son una poderosa prueba de que la oración radical verdaderamente da gloria a Dios.

DR. CHUCK BABB
Pastor de predicación, *CrossPointe Fellowship Baptist Church*, Elizabethton, TN

Existe una gran necesidad de que *Oración radical* despierte a los Estados Unidos a la necesidad de la oración y el arrepentimiento.

MARK C. CURRAN JR.
Alguacil, Lake County, IL

Oración radical es un llamado a los cristianos de hoy para involucrarnos en nuestro divino don de la oración. Usando el peso de las Escrituras y el poder del testimonio personal, Manny nos recuerda nuestro principal propósito sobre la tierra: dar honor al nombre santo de Dios en lo que decimos, hacemos y cómo oramos. ¡Ahora estoy esperando ansiosamente las respuestas radicales de Dios a mis oraciones radicales!

LYNNAEA MARTIN
Miembro del equipo de enseñanza *Radical Time Out* (RTO)

Muchos de nosotros anhelamos una relación con Cristo impregnada del poder de la oración. He observado de cerca a Manny Mill por muchos años. Su verdadera vida de oración radical y contagiosa ha dado forma a mi comprensión y práctica de la oración. Ahora usted también puede caminar junto a un amigo y mentor y atrapar una visión de una vida radicalmente transformada por el poder de la oración.

DR. MARK DILLON
Vicepresidente Ejecutivo, Sociedad Bíblica Americana

Oración radical de Manny Mill es tanto una introducción, como una disertación, acerca de la obediencia de oración que da vida. Sus historias detrás de la puerta de la prisión nos instruyen a movernos hacia la mayor realidad de Dios a través de la oración. El amor de Manny por Dios es contagioso. Prepárese para atraparlo.

DAVID WESSNER
Productor Ejecutivo, *Thinking Man Films*

Parece haber muchos predicadores en la iglesia, pero desafortunadamente es raro hallar hombres que estén comprometidos con la oración. Manny es uno de ellos, y este libro y su vida son un testimonio para todos nosotros del poder de una vida de oración radical, bíblica y comprometida.

SCOTT A. CASTO
Empresario y emprendedor

Jamás olvidaré la primera vez que conocí a mi querido amigo Manny Mills. Al ministrar juntos en la prisión en Tennessee, tuve el honor de acompañar a Manny durante el fin de semana, e inmediatamente nos convertimos en "compañeros de celda". Durante ese tiempo, Dios usó a Manny para convencerme profundamente respecto de mi vida de oración. A medida que nuestros caminos siguen intersectándose en esta travesía, Manny sigue desafiándome respecto del poder de la oración. En *Oración radical* el Espíritu Santo ha inspirado a Manny para dar al lector una guía clara, concisa, muy personal y bíblica para la oración radical. ¡Me encuentro más determinado que nunca a orar y a vivir radicalmente!

JEFF AND HEITH REYNOLDS
Equipo Ministerial, *Father and Son LostCreek Ministries,* Wise, Virginia

Manny es un líder extremadamente apasionado, talentoso y motivado por Cristo. Su energía es tan contagiosa que inspira a la gente a orar. *Oración radical* es un libro que llama a la gente de la iglesia a regresar a sus raíces, a ser la casa de oración para todos los pueblos. Recomiendo ampliamente *Oración radical* porque bendecirá mucho a su iglesia, sus amigos, su familia y a usted de manera personal.

JERRY W. DOSS
Pastor principal de *Abundant Faith Christian Center,* Springfield, IL

Parte de la genialidad de este libro es que Manny se prende fuertemente a dos ideas sencillas: oración y amor. Vivimos en una cultura secular que considera la oración como un fenómeno personal limitado a la iglesia o al clóset de oración. Manny dice a los cristianos que oren en sus relaciones sociales a un gran Dios que responde oraciones increíbles.

NATHAN BRUMMEL
Administrador del Seminario Reformado *Divine Hope*

He visto de primera mano cómo Manny y Bárbara Mill han buscado al Señor en oración. Gracias a Dios por la perspicacia de esta pareja devota y de oración.

PETER ROSKAM
Congresista de los Estados Unidos, Illinois

ORACIÓN RADICAL

EL PODER DE UNA ORACIÓN AUDAZ Y PERSISTENTE

MANNY MILL
CON HAROLD SMITH
& BÁRBARA MILL

PATMOS

Oración radical: El poder de una oración audaz y persistente

Publicado por Editorial Patmos,
Miami, FL. 33169
info@editorialpatmos.com
www.editorialpatmos.com

Publicado originalmente en inglés por Moody Publishers, 820 N. LaSalle Boulevard, Chicago, IL 60610 con el título *Radical Prayer: The Power of Being Bold and Persistent*

Traducido por Roberto Cabrera
Diseño de portada e interior por Adrián Romano

ISBN 13: 978-1-58802-821-1

Categoría: Vida Cristiana/Oración

Impreso en Brasil | *Printed in Brazil*

A los muchos "pilares de oración",
cuya santificación del nombre de Dios trajo consigo
la verdad del Evangelio para soportar las vidas
de los que están detrás de este libro, especialmente:
Mi madre, Norma Mill;
el amigo de infancia de Bárbara, Bill Welte
y su suegra, Flo Toms
(quien enseñó a Bárbara cómo orar con la Biblia);
y a los padres de Papito (Harold Smith),
Harold y Dorothy Smith.

Que nuestras propias oraciones continúen el poderoso
legado de amor persistente, audaz y radical del que,
de manera tan fiel, estos santos nos fueron modelo.

CONTENIDO

Prefacio

CONVERTIRSE EN RADICALES DE LA ORACIÓN

MIENTRAS MANNY Y SU ESPOSA, Bárbara, estaban encerrados en la cabaña de un amigo en Wisconsin escribiendo los capítulos finales de este libro, Judy y yo estábamos pasando nuestro año sabático en la casa de invitados del *Seminario Teológico Fuller* en Pasadena, en donde yo editaba frenéticamente cada nuevo capítulo a medida que llegaban digitalmente desde el lugar de retiro de sus amigos en el Medio Oeste. Para el fin de semana, y con el proyecto cerca de su culminación, nos sentimos cómodos al dejar nuestro propio retiro y emprender el camino al LAX (Aeropuerto Internacional de Los Ángeles) para nuestro vuelo de regreso a casa en Chicago. En el camino al aeropuerto, decidimos hacer una pequeña desviación antes de nuestra salida programada y ver de cerca un pedazo de la obra de Dios llamado Manhattan Beach.

Los océanos tienen su forma de expresar la enormidad de Dios, su poder y su infinitud, incluso con el sonido de los motores de jet sobrevolando nuestras cabezas. Así que no es de sorprenderse que Judy y yo hayamos sucumbido otra vez ante el encanto de la creación de Dios de esa costa (aproximadamente a veinte minutos de la pista uno), caminando a lo largo del histórico muelle de la playa y observando la rítmica llegada de las olas. Pero tal como Dios lo tenía establecido en esta tarde de fotografía, fue otra de sus creaciones —o debo decir, "nuevas creaciones"— la que nos hizo reflexionar. Su nombre era George. Un pecador salvo por gracia, que había determinado serpentear su paso por el concurrido muelle entregando tratados del Evangelio a cualquiera que tuviera interés. Por la apariencia de su piel oscura y curtida, George probablemente venía realizando ese estilo de evangelismo por un tiempo, pero claramente su entusiasmo no había disminuido. Al principio, pasé a George caminando sin pensarlo (después de todo, teníamos un vuelo que tomar). Pero luego me sentí obligado a dar vuelta y animarlo en su buena obra. Tan pronto como me identifiqué como uno de los de Cristo, mi nuevo amigo, o debo decir, "hermano", me saludó con un abrazo y un beso cristiano, y luego comenzó a orar. Y a orar.

¡Y a orar un poco más!

Primero George agradeció a Dios por habernos encontrado. Luego oró por mi esposa y mis hijos. Luego por un viaje seguro. Luego por este libro. Y finalmente oró por todos aquellos con los que ambos tuviéramos contacto ese día.

Después de su tercer o cuarto "amén", George abrió los ojos y me dijo: "Observa. Ve lo hermoso que es todo. ¡Ve el poder de las olas! ¡Y pensar que la oración es mucho más poderosa!".

Para entonces, ¡yo sentía como si Dios mismo hubiera puesto a George en mi camino para afirmar la razón por la que estábamos haciendo este libro acerca de la oración! "La oración es más poderosa", continuó George, "porque se trata de Él... ¡totalmente de nuestro gran Dios!". "La gente necesita entender que aquel a quien oramos es el que creó todo esto", dijo. "Es debido a que no lo saben que no oran. Es debido a que no conocen a Jesús que sus oraciones se quedan sin respuesta o van a buscar a otro lugar".

"Pero para los que creemos", concluyó George", "¡no hay nada más poderoso que ir ante el trono de Dios!". Solo pude agregar mi propio "amén" a su rápido sermón. Nos abrazamos nuevamente y dije adiós. (Nota mental: Enviar una copia del libro a George, a algún lugar del muelle Manhattan).

Al estacionarnos por unos momentos en LAX me di cuenta de que en mi encuentro de cinco minutos con George, él había cubierto muchas de las verdades principales que conectan todo en este libro: específicamente, la oración no es una "intención" egoísta o desear que algo sea (la comprensión de nuestra cultura), sino reconocer (santificando, como el mismo Jesús lo dijo en Lucas 11) a aquel a quien le debemos nuestra propia lealtad, nuestras propias vidas. Para su honor y únicamente por su nombre, podemos llevar audazmente, persistentemente, "radicalmente", nuestras peticiones a Dios el Padre, a través de Jesucristo, dirigidos por el Espíritu Santo, y esperar confiadamente su respuesta.

La oración es acerca de Dios, no de nosotros.

Fue el "enfoque en Dios" de George, esta "santificación" del nombre de Dios, que, estoy convencido, está mayormente ausente de nuestras oraciones hoy día. ¡Está mayormente ausente incluso de las oraciones de aquellos de nosotros que se supone sabemos a quién estamos orando! Después de todo, cuando se trata de orar, generalmente lo vemos como una proposición de "yo primero". Sabemos lo que queremos y, obedientemente, alineamos nuestra miríada de peticiones como si se tratara de una lista cósmica de compras. Dios es nuestro almacén y, por consiguiente, lo vemos como un buen medio para nuestros propios fines. El problema con ello, por supuesto, es que cuando se trata de orar, ¡Dios es el fin mismo! La glorificación, la santificación de su nombre, por eso oramos en primer lugar. Jesús no dijo menos que eso al cuestionar a sus discípulos en Lucas 11. Todo lo demás, nuestras preocupaciones, nuestras peticiones, debe ser puesto delante del Rey como oportunidades, como medios, si se quiere entender así, para dar honor a Dios y glorificarle por responder nuestras peticiones en formas en la que solo Él puede hacerlo. Piense en "mucho más abundantemente" (Efesios. 3:20).

¡El que la oración sea más acerca de Dios que de nosotros es un mensaje contracultural que necesitamos con desesperación hoy! Tal mensaje rompe con el egoísmo que forma parte de nuestra cultura y de las sociedades en las que vivimos, incluso de las iglesias a las que asistimos. Y eso nos recuerda que la vida no es nuestra (a pesar de que los anunciantes y consultores financieros digan); que estamos bajo la dirección (como esclavos, de acuerdo al apóstol Pablo en Romanos) de Alguien más quien da buenos dones y quien responde nuestras oraciones en maneras que básicamente le dan gloria, y no solo satisfacen nuestros deseos y necesidades. Ese es el mensaje de Daniel y sus tres amigos. Tomados como prisioneros por el rey Nabucodonosor y, como jóvenes, con acceso a todo lo atractivo y liberal que podía ofrecer la cultura babilonia (para los estándares del siglo VII a.C.), no obstante este cuarteto lleno de fe se mantuvo firme —¡de rodillas!— buscando la dirección de Dios en cada situación: desde su dieta (Daniel 1), a su vocación (Daniel 2), y hasta su adoración y lealtad final (Daniel 3 y 6). Su confianza en su Dios no conoció límites, porque íntimamente conocían al Dios al que servían, y comprendían que sus peticiones tenían la finalidad de darlo a conocer a incrédulos y a los paganos que les rodeaban a través de su fidelidad. Así, Sadrac, Mesac y Abed-nego pudieron responder tanto a la orden del rey de adorar la imagen de oro como a su amenaza de ser arrojados al horno ardiente si no lo hacían, de esta forma: He aquí nuestro Dios a quien servimos puede librarnos del horno de fuego ardiendo; y de tu mano, oh rey, nos librará. Y si no, sepas, oh rey, que no serviremos a tus dioses, ni tampoco adoraremos la estatua que has levantado (Daniel 3:17, 18).

Conocer a Dios por quién es Él significaba que Sadrac, Mesac y Abed-nego tenían la mayor confianza de saber que según fuera que Dios respondiera sus oraciones en ese momento intenso (y note su confianza en que Él respondería), todo tenía que ver con su nombre, su honor y su gloria, no la de ellos.

Imagine por un momento si todos nos acercamos al trono de Dios con la misma convicción y compromiso fiero: "¡Que no se haga mi voluntad sino la tuya!", estoy convencido que las respuestas de Dios ¡nos dejarían con la boca abierta! Sus respuestas nos harían querer más del único Dios cuyo nombre debe ser santificado.

Vi esa hambre por más de Dios en mis dos padres. Y como resultado de su insaciable impulso por las "cosas de arriba" (Colosenses 3:1), atestigüé de primera mano el segundo énfasis en la oración tejido a lo largo de este libro: amor. O más específicamente, "amor de prójimo" manifestado en y a través de la oración que siempre busca santificar el nombre de Dios.

La oración fue una parte natural del crecimiento en la vida de los Smith. Mis recuerdos de infancia más tempranos son de papá arrodillado, más a menudo junto a su cama, pero también en el sofá de la sala, usualmente después del tiempo devocional familiar. Luego estaban las tardes del domingo. Después de un almuerzo improvisado (usualmente café y donas), papá iba a su minúscula tercera habitación (su "oficina") con una caja de tarjetas de 3x5 pulgadas. En cada tarjeta había un nombre, un número telefónico, quizá una dirección, y una petición. Una petición de oración. Ah, y usualmente una fecha, ya fuera de cuando se le dio a conocer la petición a él o de la última vez que papá había escuchado una actualización, una respuesta, a esa petición.

Con la puerta cerrada y un viejo teléfono de disco disponible (esto fue mucho antes de los teléfonos inteligentes de hoy), papá pasaba por la caja de tarjetas, una por una, orando por cada petición y, si había pasado un tiempo desde haber recibido una actualización, llamaba a la persona cuyo número estaba en la tarjeta. Luego escribía el nuevo reporte y oraba por eso. O, lo común, orar con la persona por teléfono.

Ese es amor de prójimo.

Para cuando la tarde terminaba, reaparecía, habiendo completado una audiencia de horas delante del Rey de reyes.

Mi padre era la definición de la persistencia en oración. Era el aire que respiraba, el agua que bebía. Y cuando me decía a mí o a mi hermana que estaba orando por nosotros, sabíamos que no eran solo flechas lanzadas al aire, sino un discurso continuo con el Dios trino a quien mi padre tanto santificaba.

La oración no solo expandió la visión de Dios para alcanzar al perdido, sino que llenó hasta desbordar su capacidad de amar a otros, quienes quiera que fueran, donde quiera que estuvieran, no importaba lo que hubieran hecho. Servir era la segunda naturaleza de mi padre, algo que continuamente hacía en la casa, la comunidad, la iglesia y casi cada noche de jueves en el *Centro Correccional de Jackson*, Michigan, donde dirigía estudios bíblicos y desde donde era mentor de personas en libertad provisional en su reajuste a la vida "en el exterior".

¡Amar a Dios dio como resultado natural amar a todos los demás! ¡Y papá (junto con mamá) era un abrazador! Quizá fue porque era tan radical en su vida de oración que cerca del tiempo de su muerte, su cama de hospital en esa misma pequeña "oficina" se convirtió literalmente en una "casa de oración" en sus semanas finales sobre la tierra. Solo entonces no era papá orando (su cáncer lo dejaba a menudo inconsciente). En vez de eso, los guerreros de oración eran aquellos por todo el condado e incluso el país, cuya vida había sido impactada por las oraciones y el amor de papá y ahora querían simplemente pasar unos pocos minutos con el hombre que había predicado con el ejemplo y había guiado a muchos de ellos al Salvador.

Particularmente nunca olvidaré a un guerrero de oración que estaba de visita. Había sido un compañero en *Ford Motor* unos años antes; un afroamericano de Florida que había volado a Detroit específicamente para ver a mi padre y orar por él. Entró a la oficina de papá por casi veinte minutos, y cuando salió, limpiándose las lágrimas, comenzó a contarme su historia. Me contó del profundo odio que había tenido desde pequeño por cualquiera que fuera blanco. Luego me contó sobre la vez que conoció a mi padre. "Me trató en una manera que nunca había esperado. Como un amigo, con respeto", dijo el visitante. "¡Sin lenguaje hiriente! Y pasó tiempo ayudándome a ser el mejor trabajador posible". "Me mostró amor", continuó el hombre. "Y siempre fue pronto para señalar que era el amor de Cristo por él lo que le permitía amarme, y a todos los que estaban bajo su cargo. "El amor de tu papá y sus oraciones me llevaron a Cristo. Su amor y sus oraciones son la razón de que yo esté aquí hoy".

Recuerde las palabras de Jesús cuando citó el Gran Mandamiento y mencionó otro igualmente importante.

> Acercándose uno de los escribas, que los había oído disputar, y sabía que les había respondido bien, le preguntó: ¿Cuál es el primer mandamiento de todos? Jesús le respondió: El primer mandamiento de todos es: Oye, Israel; el Señor nuestro Dios, el Señor uno es. Y amarás al Señor tu Dios con todo tu corazón, y con toda tu alma, y con toda tu mente y con todas tus fuerzas. Este es el principal mandamiento. Y el segundo es semejante: Amarás a tu prójimo como a ti mismo. No hay otro mandamiento mayor que éstos. (Marcos 12:28-31).

El amor por Dios y el amor por el prójimo son inseparables en nuestra vida en Cristo. Y también deben ser inseparables en nuestras oraciones. Ciertamente, la oración radical, como Manny apasionadamente lo explica con lujo de detalles en este libro, cumple con el Gran Mandamiento y, al hacerlo, equipa y da rienda suelta a los creyentes como usted y como yo para conocer y servir a Dios humildemente como sus amorosos testigos en este mundo perdido.

Así que nuestra oración por este libro es que a partir de su lectura, todos nos convirtamos en "radicales" de la oración, vinculando cada alabanza y cada petición a la santificación del nombre de Dios; y que veamos cada respuesta a cada oración como un catalizador para llevar el amor de Dios a todos aquellos que Dios ponga en nuestro camino. Si de tal manera Dios amó al mundo, nosotros no podemos hacer menos que eso. Que nuestra vida de oración sea un modelo de eso cada día. ¡Comenzando conmigo!

—**HAROLD SMITH**

Introducción

¡HIPOCRESÍA!

Padre nuestro y Dios nuestro, ¿puedes enviar a tu Santo Espíritu, con gran unción sobre el lector, y crear en él un deseo nuevo, radical y ardiente de estar confiado y seguro en Cristo? Da al lector un corazón transformado que esté receptivo a Jesucristo, no solo como el centro de su vida, sino de su todo (Efesios 1:23). Que el lector pueda enraizarse y fundamentarse en amor para ser capaz de comprender con todos los santos cuál es la anchura, el largo, la profundidad y la altura del amor de Cristo que sobrepasa el entendimiento, para que pueda ser lleno de tu plenitud (nuestra paráfrasis de Efesios 1:23; 3:17-19). En el nombre de Jesús, ¡amén!

EL 7 DE OCTUBRE DE 2010, siete años después de escribir *Redención radical,* tuve un almuerzo con algunos compañeros de ministerio en un restaurante local, cuando recibí una llamada. El propietario vino a nuestra mesa para decir que la policía estaba al teléfono pidiendo hablar conmigo. La llamada era para informarme que mi esposa Bárbara había estado en un accidente automovilístico. Unos pocos momentos antes, había visto pasar por el restaurante camiones de bomberos y una ambulancia. Ahora estaba luchando por comprender que se habían dirigido a la escena de un choque que involucraba a mi esposa.

Un amigo me llevó al lugar, y mi ansiedad se convirtió en *shock* cuando vi nuestro auto volteado hacia el lado del conductor, con las cuatro ruedas apuntando en mi dirección. Luego me dijeron que Bárbara todavía estaba dentro del vehículo. Quería apresurarme para liberarla de los restos del auto, pero el jefe de policía, un compañero creyente en Jesús y amigo personal, me detuvo. Me aseguró que tenían todo bajo control. Pero en ese momento, ¡no estaba tan seguro que lo tuvieran!

"Manny, necesito que te tranquilices y que no pierdas la calma", dijo el jefe, mientras me indicaba que permaneciera donde estaba. Luego declaró: "Lo único que puedes hacer es orar". Esas palabras me golpearon fuerte. Atravesaron mi corazón. Dentro de mí, clamé. ¿Cómo puedo tratar a Dios como si fuera un paramédico, solo llamándolo cuando hay una emergencia?

Olas de desesperación e hipocresía me abrumaron mientras el jefe comenzaba a orar. Ahí, en la acera, el Espíritu de Dios comenzó a exponer mi propia superficialidad hacia Dios, el mismo al que yo supuestamente había servido fielmente y al que había defendido incansablemente en el ministerio por los últimos veinte años. ¿Qué había sucedido con el hombre que una vez tuvo una vibrante vida de oración y escribió un libro relatando las maravillas que Dios hizo en sus primeros días como seguidor de Cristo?

Cuando Bárbara finalmente fue trasladada a la ambulancia, pude ir con ella. Había sufrido una avulsión de la piel, el desprendimiento completo y contundente de los tres dedos del centro de su mano izquierda. Pero para mi sorpresa, su primera pregunta fue: "¿Cómo se encuentra la mujer que me golpeó?".

Ahí estaba yo, un prominente líder de ministerio y que abogaba por "estos más pequeños", enojado, ¡enojado porque tal trauma pudiera caer sobre nuestra familia, especialmente sobre Bárbara! Pero mi esposa seriamente herida fue la que cantó himnos de alabanza a Dios en su lucha por mantenerse consciente durante los noventa minutos que estuvo atrapada en su auto y quien ahora mostraba preocupación por la mujer que se pasó la luz roja.

¡Fui confrontado con mi hipocresía! Había predicado sermones sobre amar al prójimo; pero Bárbara los estaba viviendo. Ciertamente, yo podía emplear el lenguaje de la gracia (con acento cubano, claro está). Pero la demostración del fruto de la gracia que se lista en Gálatas 5:22, 23 —amor, gozo, paz, paciencia, benignidad, bondad, fe, mansedumbre y templanza— estaba ausente.

En el transcurso de los siguientes siete meses, mientras Bárbara se recuperaba de la cirugía y sobrellevaba sesenta y cuatro sesiones de cuidados de la herida y terapia ocupacional, también yo estaba "siendo sometido a una intervención quirúrgica" por parte del Gran Médico.

Mi vida nunca volvió a ser igual.

1

DE LA CRISIS A LA CONVICCIÓN

Mi Padre Dios, te he tratado como un paramédico. Nunca más. Lo eché a perder. Por favor perdóname. ¡Resucita mi corazón! ¡Necesito desesperadamente tu gracia radical para transformar y fortalecer mi corazón, a través de tu Santo Espíritu, para desarrollar una disposición fresca y amorosa que produzca un cariño permanente e íntimo solo por ti! En el nombre de Jesús, ¡amén!

¿CÓMO PUEDO TRATAR A DIOS como si fuera paramédico, llamándolo solo cuando hay una emergencia?

Esa es una pregunta que continuamente llenaba mis pensamientos en las semanas siguientes al choque de Bárbara. Los paramédicos y los servicios de emergencia que trataron a Bárbara en el lugar fueron asombrosos. Proveyeron un maravilloso cuidado. Y nuestra vida se vinculó intensamente a la de ellos en esas primeras horas tras la crisis.

Pero desde aquel terrible momento, esos once salvadores se han convertido en poco más que un recuerdo borroso. Nuestra "relación", como tal, había terminado. De modo que, ¿así es como estaba tratando a Dios? ¿Llamándolo durante situaciones de emergencia, pero egoístamente contento de seguir mi propio camino el resto del tiempo? ¿Mi relación con Dios estaba construida sobre mí o sobre el amor manchado con sangre de Cristo Jesús? ¡El trauma de Bárbara se convirtió en mi llamada de atención! En aquel terrible momento, Dios el Padre comenzó a exponer metódicamente mi hipocresía espiritual y a reemplazar la tristeza que había llenado mi andar cristiano con un amor más grande por el Salvador y una pasión ilimitada por la oración. Él usó dos experiencias que ocurrieron poco después del choque de Bárbara para cortar "quirúrgicamente" de mi corazón esas partes que con el tiempo se habían convertido en piedra, dándome misericordiosamente un corazón de carne (Ezequiel. 36:26).

La primera llegó en un congreso de pastores al que yo normalmente asistía cada año. Dado que solo habían pasado cuatro meses desde la colisión, le di vueltas a dejar a Bárbara sola en casa dado que todavía estaba en medio de sus terapias. Pero cuando ella vio que el tema era "La poderosa vida de oración de un pastor que ora", y sabiendo que yo estaba batallando con ese asunto, me dijo en términos muy claros que yo necesitaba asistir y rápidamente me inscribió para el evento.

PASTORES SIN VIDA DE ORACIÓN

Casi dos mil pastores y líderes de ministerio se reunieron por tres días. Cantamos cantos maravillosos, escuchamos a oradores elocuentes enseñar acerca de la oración y escuchamos historias de la vida de oración de aquellos a quienes a menudo se consideran gigantes de la fe. ¡Sin embargo, ni una sola vez fuimos llamados a orar! No se incluyó en el horario tiempo para la oración en grupo. Nadie nos animó desde el frente para que consideráramos saltarnos una comida (que obteníamos por nuestra cuenta, así que no hubiera habido desperdicio de comida) para orar individualmente o con otros. Sí, nos dijeron que había un cuarto de oración abierto a lo largo del congreso, como era costumbre cada año; pero las pocas veces que visité el cuarto para orar solo estaban presentes otros dos o tres. Durante el congreso nos dijeron que el 80 por ciento de los pastores evangélicos en los Estados Unidos no tienen una vida de oración personal y privada. En otras palabras, la gente a la que se le paga por orar ¡no ora! Para subrayar este punto, se le preguntó a uno de los muy conocidos oradores, durante una sesión de preguntas y respuestas, si oraba con su esposa. ¡Confesó que no lo hacía!

Fue poco después de eso que las casi proféticas palabras de dos pastores de una generación previa vinieron a mi mente.

Charles Haddon Spurgeon, un pastor británico de finales del siglo XIX, escribió:

> Por supuesto el predicador se distingue sobre todos como un hombre de oración. Ora como un cristiano ordinario, si no sería un hipócrita. Ora más que un cristiano ordinario, o sería descalificado del puesto del que se ha responsabilizado. Si ustedes como ministros no se dedican a la oración, son dignos de lástima. Si ustedes se vuelven descuidados en la devoción sagrada, no solo necesitan que se les tenga lástima, sino su pueblo también, y el día vendrá en el que serán avergonzados y confundidos.[1]

De acuerdo a Spurgeon, yo estaba descalificado para mi posición en el ministerio y era digno de lástima. Me había vuelto descuidado en mi devoción sagrada, de modo que de la gente a quien ministraba también había que compadecerse porque no los amaba lo suficiente porque no estaba intercediendo por ellos. El famoso autor norteamericano sobre temas de oración, E. M. Bounds, quien fue pastor más o menos al mismo tiempo que Spurgeon, concordaba. Escribió:

> Lo que está por encima de toda otra cosa en el equipamiento del predicador es la oración. Antes que cualquier cosa, debe ser un hombre que hace de orar su especialidad. Un predicador sin oración es un término erróneo. O ha errado su llamado, o ha fallado gravemente a Dios quien lo llamó al ministerio... Predicar la Palabra es esencial; las cualidades sociales no deben ser subestimadas, y la educación es buena; pero por debajo y por encima de todo, la oración debe ser el principal puntal de la plataforma del hombre que va a predicar las inescrutables riquezas de Cristo a un mundo perdido y hambriento. El punto débil en nuestras instituciones eclesiásticas yace justamente aquí. La oración no es considerada el factor principal en la vida y las actividades de la iglesia, y otras cosas, buenas en su propio lugar, se vuelven principales.[2]

En vez de regresar del congreso refrescado y con las energías recargadas, llegué a casa profundamente cargado no solo por mí sino por la iglesia en los Estados Unidos. Estaba agudamente consciente de que otros líderes de ministerio estaban batallando con la misma ausencia de oración y de gozo con lo que yo luchaba. De acuerdo a Bounds, éramos ya sea hombres que hemos errado nuestro llamado u hombres que hemos fallado gravemente al que nos llamó al ministerio. Yo estaba seguro que no había errado mi ministerio. Así que eso significaba que estaba fallando gravemente al que me había llamado.

REPROBADO CON CERO

Decidí hacer un retiro espiritual, para mí solo, en la cabaña de un amigo. Aquellos que me conocen bien, comprenderán cuán radical fue esa decisión. A menudo me describen como sociable, alguien que necesita estar rodeado de gente. Mi familia, incluso, se burla de mí diciendo que no puedo ir a otra parte de la casa sin llevar a alguien conmigo. Pero estaba desesperado por un cambio real y duradero. Me comprometí con Dios a pasar varios días con Él sin la distracción de otras personas, del internet, del teléfono o la televisión.

El retiro fue mi segunda experiencia de tipo quirúrgica. En la quietud de esa primera hora del primer día, le pedí a Dios que evaluara mis últimos veinte años de ministerio. Dios creyó conveniente darme no solo un reprobado, sino un cero; y se enfocó en mi pésima vida de oración como la razón principal. Yo estaba convencido que mi vida de oración era putrefacta. Qué olía mal. Apestaba. Como el profeta Isaías, me abrí totalmente ante el santo Dios (Isaías 6:5). En mi carencia de oración había traicionado a mi esposa, a nuestros hijos y nietos. También había fallado a los que invertían en el ministerio, así como a aquellos hombres y mujeres en prisión y a sus familias a quienes yo estaba llamado a servir como voz (Proverbios 31.8, 9). Había descuidado a la preciosa novia de Cristo, la iglesia, la cual había sido llamado a servir. Me había contentado ciegamente con lo que era un ministerio tibio. El Espíritu Santo me reveló que mis patrones y propósitos de oración estaban enfocados en la trinidad humana —yo, mí y yo mismo— no en la Santa Trinidad de Dios el Padre, Dios el Hijo y Dios el Espíritu Santo.

Justo en ese momento y en ese lugar, después de obtener una perspectiva real y un panorama del daño que provoca una vida sin oración, me arrepentí —con profundo dolor emocional— de mi hipocresía y mi inexistente vida de oración. Clamé a Dios el Padre y adopté como mía la oración de arrepentimiento de David en el Salmo 51. El rey David (quien hoy hubiese sido catalogado como violador y asesino) tuvo que ser restaurado y experimentar el perdón de Dios del mismo modo en que yo lo hice a través de una pena genuina y piadosa. Ambos necesitamos suficiente gracia de Dios, a pesar del nivel o severidad de nuestro pecado. Oré la honesta confesión de pecado de David y su clamor por misericordia, que dice, en parte:

> Ten piedad de mí, oh Dios, conforme a tu misericordia;
> Conforme a la multitud de tus piedades borra mis rebeliones.
>
> Lávame más y más de mi maldad,
> Y límpiame de mi pecado.
>
> Porque yo reconozco mis rebeliones,
> Y mi pecado está siempre delante de mí.
>
> Contra ti, contra ti solo he pecado,
> Y he hecho lo malo delante de tus ojos;
> Para que seas reconocido justo en tu palabra,
> Y tenido por puro en tu juicio...
>
> Purifícame con hisopo, y seré limpio;
> Lávame, y seré más blanco que la nieve.
> Hazme oír gozo y alegría,
> Y se recrearán los huesos que has abatido.
> Esconde tu rostro de mis pecados,
> Y borra todas mis maldades.

Crea en mí, oh Dios, un corazón limpio,
Y renueva un espíritu recto dentro de mí...
Vuélveme el gozo de tu salvación,
Y espíritu noble me sustente.
(Salmo 51:1-4,7-10, 12)

Ni bien recibí mi calificación reprobatoria, el Espíritu Santo me dio no solo misericordia nueva sino una fresca abundancia de gracia inmerecida. Después de orar tomando el Salmo 51 como mi propia oración de confesión y arrepentimiento, tuve la seguridad de que, aunque el pecado tiene serias consecuencias, Dios está dispuesto y listo para perdonar a cualquier pecador arrepentido, a pesar del pecado y su gravedad.

EL MENSAJE DE JEREMÍAS: JUICIO... Y ESPERANZA

Para darme un ejemplo de las serias consecuencias de la falta de oración y de la gran misericordia de Dios, el Espíritu Santo me llevó a leer Jeremías. El profeta Jeremías fue llamado por Dios a proclamar un mensaje muy difícil y directo: Judá, el Reino del Sur, sería devastado por los babilonios como resultado del juicio de Dios sobre ellos debido a su idolatría. Casi un siglo antes, Israel, el Reino del Norte, había sido destruido por los asirios y el pueblo había sido dispersado o llevado a la cautividad, también como resultado del juicio divino. Los líderes del Reino del Sur pensaron que tal destrucción jamás les sucedería a ellos. Después de todo, tenían el templo en Jerusalén, ¡la misma morada de Dios! Dios, sin embargo, veía las cosas de forma diferente. En Jeremías 10:18, dijo que iba a arrojar a la gente de Judá de su tierra y afligirlos. ¿Por qué? El versículo 21 da una razón: "Porque los pastores se infatuaron, y no buscaron a Jehová; por tanto, no prosperaron, y todo su ganado se esparció". Este versículo me recordó de lo que yo sabía acerca de mí mismo y lo que había escuchado y visto en el congreso de pastores. Nosotros, los pastores, no estábamos buscando al Señor. No estábamos —yo no estaba— orando. Pero gloria sea dada a nuestro gran Dios, porque el mensaje de Jeremías no es completamente de juicio, también es sobre la misericordia de Dios que trae esperanza redentora y revigorizante.

Mientras Jeremías está encerrado en la prisión del rey (porque al rey Sedequías no le gustó lo que Jeremías estaba profetizando), el Señor lo instruyó a comprar cierta tierra. Esto hubiera parecido una locura para Jeremías. ¿Por qué comprar tierra en un lugar que está por ser alcanzado por el enemigo y del cual pronto serás deportado? Sin embargo, Jeremías obedece. Hace sin demora lo que Dios ordenó, compra la tierra y guarda el contrato de compra en un lugar seguro. Lo siguiente que hace es orar (Jeremías 32:16). A diferencia de los sacerdotes —los tales llamados pastores de Israel, que se habían vuelto apagados de corazón y no buscaban al Señor— Jeremías se vuelve al Señor para comprender lo que acababa de hacer. El Señor responde a Jeremías con una extraordinaria y amorosa devoción, dándole palabras de gran esperanza que yo tomé en serio para mí y para la gente a la que Dios me había llamado a servir. Él responde a Jeremías con una pregunta (Jeremías 32:26, 27), que yo sentí que Dios me estaba preguntando aquel día: "He aquí que yo soy Jehová, Dios de toda carne; ¿habrá algo que sea difícil para mí?". Dice a Jeremías que Él enviará a los babilonios a sacarlos de la tierra, pero que un día también Él los traerá de regreso. Jeremías 32:38-41 dice:

> ... y me serán por pueblo, y yo seré a ellos por Dios. Y les daré un corazón, y un camino, para que me teman perpetuamente, para que tengan bien ellos, y sus hijos después

> de ellos. Y haré con ellos pacto eterno, que no me volveré atrás de hacerles bien, y pondré mi temor en el corazón de ellos, para que no se aparten de mí. Y me alegraré con ellos haciéndoles bien, y los plantaré en esta tierra en verdad, de todo mi corazón y de toda mi alma.

Aunque ese momento era muy sombrío, Dios recordó a Jeremías que él haría bien a su pueblo. Ese bien iba a provocar que lo reverenciaran, que le temieran en el buen sentido de la palabra, de modo que no se apartarían de Él. Eso era exactamente lo que Él estaba haciendo conmigo.

COMUNIÓN ÍNTIMA CON MI PADRE DIOS

Saboreé la dulzura de una íntima comunión con mi Padre Dios, a través de Jesucristo, como nunca antes. Fue incluso mayor que cuando Jesús me encontró y me confrontó en Caracas, Venezuela, donde me había estado ocultando del FBI, enfrentando cincuenta y cinco años de prisión, y entonces experimenté su redención radical. Pero ahora el Espíritu Santo me estaba revitalizando con poder fresco y me daba una confianza renovada en el trabajo redentor y terminado de Cristo. Dios me proveyó con un nuevo comienzo en el ministerio al llenarme de la esperanza de su gloria revelada a través de la persona de Jesucristo. Me dio un nuevo comienzo, como hizo con el rey David, la nación de Israel, y el apóstol Pedro. Pero (ver Juan 21:15-19), el Espíritu Santo me recordó que Dios el Padre podía haberme despedido en ese mismo momento. Había una causa justificada para mi despido. Pero en lugar de ello escogió darme misericordia abundante. ¡Aleluya!

Jeremías 33:2, 3 son dos de los versículos más citados acerca de la oración. Nos han dicho que mientras Jeremías estaba en la prisión, Dios le habló por segunda vez, diciendo: "Así ha dicho Jehová, que hizo la tierra, Jehová que la formó para afirmarla; Jehová es su nombre: Clama a mí, y yo te responderé, y te enseñaré cosas grandes y ocultas que tú no conoces". Justo en ese momento, clamé a Dios agradeciéndole por su misericordia al restaurarme, y le pedí que me mostrara cosas grandes y ocultas que yo no conocía. Debido a su gran misericordia, ahora tenía una relación personal renovada con Él. Ya no acudiría más a Dios como si fuera un paramédico, sino que le llamaría como mi Padre. Sentí sinceramente que Dios me dio la seguridad de que viviría para ver un avivamiento en la iglesia de los Estados Unidos, y que ese avivamiento comenzaría en el lugar más improbable de todos, en las prisiones. Él usaría "lo necio del mundo [presos y ex presidiarios, como yo] para avergonzar a lo sabio" (1 Corintios 1:27). Mientras oraba por ese avivamiento, las conocidas palabras de William Carey, llamado "el padre de las misiones modernas" (y un hombre que a menudo no concordaba con el liderazgo de la iglesia), me vinieron a la mente. Mientras rogaba a un grupo de pastores que se unieran a él en el trabajo misionero, Carey dijo: "Esperad grandes cosas, emprended grandes cosas". Eso es lo que yo resolví hacer, y supe que el primer paso sería que Dios me reviviría, para cambiarme a mí y a mi corazón.

Más tarde ese día, me senté varias horas junto al río que bordea la propiedad de mi amigo. Aunque no soy el tipo de persona que disfruta pasar mucho tiempo en el exterior, especialmente en febrero en Wisconsin, me sentí llevado por el Espíritu Santo a observar las aguas fluir y observé las riberas del río. Dios me habló a través de esta parte de su creación, trayendo a mi mente la palabra "capacidad". Clamé a Dios para que me diera una gran capacidad para la oración, para comunicarme con Él. Me abrí a ser lleno con el patrón de Dios para la oración poderosa, apasionada y personal.

Así como Dios creó esta precisa sección de la tierra para que tuviera la capacidad de retener las aguas de este río —una profundidad, un ancho y un largo—, así necesitaba yo que Dios me diera la capacidad de recibir, retener y luego responder a su gracia mientras comenzaba una nueva travesía en la disciplina de la oración radical y bíblica.

2

DE LA CONVICCIÓN AL CAMBIO RADICAL

Mi amado Padre celestial, te suplico y te ruego, en el nombre de Jesús, que hagas de mi vida de oración, personal, radical y bíblica, mi único objetivo y estilo de vida, todo para santificar tu santo nombre. ¡Infúndeme con un deseo nuevo y ardiente, a través de tu Espíritu, de entregarme a buscarte cada día de mi vida! En el nombre de Jesús, ¡amén!

INMEDIATAMENTE TRAS MI ARREPENTIMIENTO, el Espíritu Santo me dejó en claro que desarrollar mi propia vida de oración personal y bíblica tenía que ser mi único objetivo y estilo de vida. Eso no era negociable, e incluso más importante que el agua que bebo cada día. Me dijo que predicar su Palabra, lo que fui llamado a hacer, sería inefectivo sin la oración ferviente. Incluso con la mejor educación cristiana y las mejores técnicas de preparación de sermones, esos mensajes carecerían de poder sin una oración sincera y regular. E. M. Bounds dijo lo mismo cuando escribió lo siguiente en *The Necessity for praying men*:

> Los hombres a quienes Jesucristo confía la suerte y destino de su iglesia fueron hombres de oración [...] Los apóstoles

> no permitieron que ninguna tarea, por sagrada que fuera, transgrediera su tiempo y les evitara hacer de la oración lo principal [...] La semilla de la Palabra de Dios debe estar saturada de oración para hacerla germinar. Crece más preparada y se arraiga más profundo si está empapada de oración.[3]

Citando a Jesús como nuestro supremo ejemplo, Bounds continuó:

> Jesucristo fue el líder designado divinamente para el pueblo de Dios, y ninguna otra cosa en su vida prueba tan plenamente su eminente idoneidad para ese oficio que sus hábitos de oración. Nada sugiere más al pensamiento que la constante oración de Jesús, y nada es más evidente acerca de Él que la oración. Sus campañas se organizaban, sus victorias se ganaban, en las luchas y en la comunión de sus vigilias orando [...] ¡Qué inspiración y mandato para orar es la vida de Cristo! ¡Qué comentario sobre su valor! ¡Cómo avergüenza nuestra vida su oración constante!

Me he convencido que desde ese momento mis emociones y decisiones necesitaban ser dirigidas únicamente por las Escrituras, y que la oración debe preceder cada uno de mis pasos. Yo enseñé a muchos el principio de la *sola Scriptura* (solo las Escrituras) a lo largo de los años, pero había dejado de vivirlo porque había dejado de orarlo. Sabía que para que yo cultivara mi vida de oración, mis oraciones debían ser alimentadas por las Escrituras. Eso es lo que yo llamo oración radical y bíblica.

Radical viene de la palabra que significa "raíz". Mi vida de oración debía convertirse en la raíz de toda mi vida. Bíblica significa que la Palabra de Dios necesita ser la tierra en la que esa raíz debe profundizar y de la cual debe hacerse con nutrientes. Necesitaba convertirme en el hombre que se describe en el Salmo 1, el que medita en la Palabra de Dios "de día y de noche [...] como árbol plantado junto a corrientes de aguas, que da su fruto en su tiempo, y su hoja no cae" (vv. 2, 3). La Biblia es, después de todo, la Palabra viva de Dios. Es cien por ciento poderosa y totalmente confiable. Es suficiente para cada necesidad. No se debe subestimarla o tratarla a la ligera.

En las últimas palabras que Moisés habló a los hijos de Israel, los amonestó a que fijaran sus corazones en la ley de Dios porque eso era su misma vida (Deuteronomio 32:45-47). Una vez oí que definían la vida como vivir en libertad cada día. Esa es la forma en la que quiero vivir.

SOBRE EL SUELO EN ORACIÓN

Ahí en la cabaña, comencé a cultivar una nueva disciplina. Literalmente puse mi Biblia sobre el suelo frente a mí y me arrodillé a orar. Primero leí en voz alta una porción de las Escrituras a Dios. Luego comencé a orar en una forma triple que más tarde descubrí que Martín Lutero, uno de los más grandes teólogos de la Reforma Protestante, había aconsejado a alguien seguir. El gran reformador aconsejó a quien recibía su orientación a seleccionar cualquier texto de la Biblia, luego orarlo en tres tiempos: primero como acción de gracias, segundo como confesión, y tercero como petición.

Me volví a 2 Crónicas 6 y 7 y leí acerca del rey Salomón orando a Dios que sus ojos estuvieran abiertos y sus oídos atentos a las oraciones que serían ofrecidas en el templo que Salomón acababa de construir. Leí acerca de los sacerdotes y la gente regocijándose por la bondad del Señor, así que me regocijé en voz alta por la bondad y misericordia que estaba recibiendo de Dios en ese preciso momento. Ahí estaba Salomón, un hombre que provenía de una familia desastrosa, a quien se le había dado el privilegio de ver la gloria del Señor llenar tanto el templo que los sacerdotes no podían ni entrar en él (2 Crónicas 7:2). Como un hombre que había hecho un desastre de mi propia familia por mi propia pecaminosidad, reconocí que a mí también se me había dado la oportunidad de un nuevo comienzo en el ministerio. Como el pueblo en la dedicación del templo, me postré y recordé sus palabras: "Porque él es bueno, y su misericordia es para siempre" (v. 3).

Después, tuve que confesar al Señor que no me había humillado delante de Él. Me arrepentí de no buscar su rostro e hice el compromiso de volverme de mi falta de oración (v. 14). Luego, presenté mi petición a Él: Que abriera sus ojos y sus oídos estuvieran atentos a mi oración para que yo pudiera conocer más de su corazón (vv. 15, 16).

Por algún tiempo continué arrodillado y leyendo este pasaje en voz alta, llorando y orando con palabras de acción de gracias, confesión y petición. Como Salomón oró que Dios llenara el templo con su presencia —su gloria—, así oré yo que Dios me llenara con su presencia. Pronto sentí que estaba siendo lleno de la misma gloria que había llenado el templo, y no quería que se detuviera.

Quizás este último enunciado suene demasiado atrevido para algunos. En efecto, es una aseveración atrevida; sin embargo, espero que le desafíe a rendirse a sí mismo a Dios y a buscar la misma "llenura". Arrójese sobre la irresistible gracia de Dios para que pueda ser lleno de su gloria a través del poder explosivo de su Espíritu. Le recuerdo que el apóstol Pablo enseña que los creyentes son ahora el templo del Espíritu Santo (1 Corintios 6:19) y que somos también vasos de misericordia preparados para gloria y para hacer notorias las riquezas de su gloria (Romanos 9:23, 24).

Amado lector, le insto a que haga una pausa ahora mismo. Baje este libro y levante el Libro, la Santa Palabra de Dios. Seleccione un texto, léalo en voz alta, y luego órelo a su Padre en los cielos. Permita que la Palabra de Dios alimente sus oraciones. Busque lo que el pasaje le enseña acerca de nuestro Dios y alábelo por eso. Confiese cualquier pecado que le venga a la mente como resultado de leer ese pasaje. Luego pida a Dios por usted y por otros, que el Espíritu Santo trabaje los cambios necesarios en usted.

CAMINATA DE ORACIÓN

Los cambios en mi oración me llevaron a otros cambios casi de inmediato. Mi peso estaba fuera de control. Era un testimonio terrible y visible de la falta de oración en mi vida. Por algún tiempo había estado ignorando las advertencias acerca de mi peso por parte de mis queridos amigos, Tom y Wendy Horton, quienes resultaban ser entrenadores físicos. Recientemente habíamos comenzado a ministrar juntos, trabajando con ex reclusos y ocasionalmente predicando y enseñando en las cárceles del condado y las prisiones estatales. Ahí estaba yo diciendo a los chicos y chicas encarcelados que necesitaban dejar de profanar el templo de Dios con su adicción a las drogas, alcohol y pornografía, pero no podía controla mi ingesta alimenticia o hacer tiempo para el ejercicio. Era un vil testigo de Jesús. Los Horton objetaron que mi andar no coincidía con mi hablar.

En mi segundo día en la cabaña, el Espíritu Santo me ordenó que comenzara a caminar. Me dijo que caminara en su poder y bajo la autoridad de Cristo. Me dijo que me aconsejaría y me ayudaría con la disciplina necesaria, la motivación, y los nuevos hábitos requeridos para perder el peso y mantenerme así. Supe que si retrasaba mi obediencia, perdería su bendición. También me di cuenta que su plan de ejercicios dirigido por el Espíritu Santo me proveería una oportunidad para orar. Así que fui, caminando y orando. La parte más difícil llegó cuando regresé a casa. Era mediados de febrero; el clima en Chicago en esa temporada del año puede ser brutal. La linda y amortiguada pista bajo techo en las instalaciones de la *Asociación Cristiana de Jóvenes* (YMCA por sus siglas en inglés) no era opción porque estaba comprometido a orar mientras caminaba. Y para este cubano, orar significaba hacerlo audiblemente (y, a veces, muy fuerte). También significaba hacerlo en español. El español es mi primer idioma; no aprendí inglés sino hasta casi los dieciséis años y en realidad solo lo usaba en la escuela. En todas las demás áreas de mi vida, el español fue mi primer idioma hasta que fui a prisión en 1986. Algunos llaman a su primer idioma su "lengua materna" o "idioma materno". Aunque usted pueda hablar con fluidez otro idioma, es usualmente en su idioma materno que mejor puede expresarse. Así que mi "*Hallelujah!*" siempre es "¡Aleluya!". Durante mi retiro espiritual, me di cuenta de que había dejado de orar en español. Quería ser al mil por ciento transparente con Dios. Quería ser capaz de expresar mis pensamientos más íntimos con Él. Quería sincerarme. Así que consideré el volver a orar en español durante mis tiempos privados de oración.

AFUERA EN EL FRÍO

Bárbara se dio cuenta de la importancia de mi compromiso cuando me abrigaba para enfrentar el frío intenso de Chicago. Aunque quería decirme que hacía demasiado frío para salir a caminar, también comprendió que podía haber serias consecuencias espirituales si retrasaba mi obediencia. No es de extrañar, entonces, que una de mis primeras oraciones fuera que Dios me diera la disciplina cada día para salir y caminar a pesar de mis sentimientos,

¡o del clima de Chicago! Leí en algún lugar: "Disciplina es hacer lo que sabes que es necesario que se haga, incluso cuando no quieres hacerlo". Mis primeras caminatas no fueron largas, pero comencé gradualmente a alargarlas y a variar mis rutas por el vecindario, algunas veces con consecuencias inesperadas y graciosas. Por ejemplo, el profesor de historia de mi hijo en la escuela intermedia una vez le preguntó: "¿Tu papá está tratando de aprender otro idioma?, lo veo caminar por nuestra casa casi todos los días usando audífonos. No puedo escuchar lo que dice, pero sé que no está hablando inglés". En otra ocasión, nos encontramos en un restaurante local a una pareja con la que asistíamos a la iglesia. Mientras nos poníamos al corriente sobre nuestras familias, nos enteramos que su hija Kristen se acababa de mudar a nuestro vecindario. Mi esposa dijo en broma: "¡Qué bueno! Ahora Kristen podrá asegurarles a sus vecinos que el hombre que camina por las calles hablando solo no está loco". La mamá de Kristen sonrió de forma graciosa. Luego nos contó del día en que Kristen había llevado a una amiga a ver la casa que ella y su esposo estaban considerando comprar. Mientras estaban afuera mirando el jardín, Kristen escuchó una voz que reconoció, la mía. Le dijo a su mamá que me escuchó antes de verme y que yo estaba tan concentrado en mi caminata y mi oración que nunca las noté ni a ella ni a su amiga.

La disciplina de la caminata de oración me ha ayudado a perder (y mantener lejos) más de dieciocho libras (poco más de ocho kilos). Pero esta transformación no ha sido únicamente para mi beneficio. También ha dado credibilidad al poder de Dios trabajando en mi vida y es un testimonio para otros de lo que Dios puede hacer. Ahora mi cuerpo físico está en mejor forma para funcionar en la santificación del santo nombre de Dios el Padre y para el afecto de mis vecinos.

3

QUITAR LAS DISTRACCIONES

Padre, eres mi asombroso Padre. ¡Aleluya!
¡No quiero deshonrar tu santo nombre otra vez!
Quiero que mi cuerpo (tu templo), en el que habitas
permanentemente a través del Espíritu Santo,
santifique tu nombre con absoluta y visible credibilidad.
Hazme más que vencedor de acuerdo a tu Palabra
en Romanos 8:37 al seguir siendo disciplinado en mi
comida y al ejercitarme regularmente, para que pueda
santificar tu santo nombre.
En el nombre de Jesús, ¡amén!

DADO QUE HUBO un cambio notorio en mi apariencia física, la gente comenzó a preguntar sobre mi salud.

Yo estaba, después de todo, en esa edad en la que los cambios físicos comienzan a emerger, y muchos pensaron que mi pérdida de peso podía deberse a una enfermedad. De hecho, a menudo la gente temía preguntarme directamente al respecto, así que jalaban a mi esposa hacia un lado y le preguntaban en tono de susurro: "¿Está bien Manny?". ¡Se quedaban pasmados cuando Bárbara les decía que la pérdida de peso era resultado de caminatas de oración! Además de las caminatas de oración, comencé a hacerme otros hábitos de oración igualmente críticos. Por ejemplo, comenzaba y terminaba cada día arrodillándome en oración, y todavía lo hago hoy. Esta posición es de reverencia, sumisión y rendición. Y sí, se halla en las Escrituras. El apóstol Pablo se arrodilló en oración (Efesios 3:14), como lo hizo Daniel, tres veces al día (Daniel 6:10). Salomón ofreció la oración de dedicación del templo desde una posición de rodillas, con sus manos extendidas hacia los cielos (2 Crónicas 6:13). Si esos grandes hombres se arrodillaron para orar, ¿por qué yo no? También me hice el propósito de orar con mi esposa, a quien tengo el mandato de amar como Cristo ama a la iglesia. Es una forma de honrarla como coheredera de la gracia de la vida. Primera de Pedro 3:7 dice que si hago esto, mis oraciones no serán estorbadas

Pero mientras estaba disfrutando una nueva intimidad con el Dios trino a través de la oración privada y a veces con Bárbara, seguía sintiendo carga por otros y por la carencia de oración que vi a mi alrededor. No podía sacudirme la experiencia de pasar tres días con dos mil pastores y líderes de ministerio en un congreso sobre la oración y nunca haber orado juntos. Si, como se nos había dicho (y parecíamos demostrarlo nosotros mismos), el 80 por ciento de los pastores no ora, entonces ¿qué dice eso de la gente que se sienta en las bancas? ¿Dónde estaba ese sentido de urgencia? ¿Y qué estaba manteniendo alejado al pueblo de Dios de la oración audaz, apasionada, persistente y radical? Definitivamente no era por falta de información sobre las grandes necesidades que nos rodean. Por ejemplo, el colapso de la familia. ¿Qué hombre, mujer o niño no ha sido afectado en alguna forma por una infidelidad o un divorcio? O considere las cargas económicas que nos ahogan a muchos. O el crecimiento del crimen sin sentido. Muchos son afectados directa o indirectamente por el abuso de las drogas y el alcohol. Las preocupaciones son muchísimas. Si estos asuntos —sin mencionar incontables más— no crearon un sentido de urgencia en la oración, ¿qué puede hacerlo?

NUESTRO TEMOR DE ORAR

¿Qué nos mantiene alejados de la urgencia de orar? La respuesta a la que fui conducido puede sorprenderle. Pero es una que mi propia vida señaló como una gran barricada para la oración eficaz. ¿Qué barricada? El temor.

Tres temores básicos bloquean nuestro camino a la oración. Primero, tememos que nuestros pecados sean expuestos. Como escribí en mi primer libro, Redención radical , mi vida se trataba por completo de la impía trinidad de mí, yo, y yo mismo. Tenía todo vicio disponible para mí, y había muy pocos en los que no participara. Estaba completamente cómodo con mi pecado. Totalmente cómodo, así es; hasta que el Espíritu tomó control de mí mientras huía de las autoridades de los Estados Unidos en América del Sur. Fue durante una llamada telefónica crucial con mi padre en los Estados Unidos que me hallé, con pecados y todo, repentinamente atraído a la presencia del único que es santo, santo, santo. Su luz comenzó a exponer la suciedad en mi interior. ¡Y no fue lindo!

No es sorpresa que tal exposición lleve del temor al dolor. La transformación espiritual, el desarraigarme y reemplazar el ídolo del yo, mí y yo mismo con el Dios trino, usualmente es doloroso. Llegar a la presencia de Dios para Isaías involucró una visión de un ángel tocando sus labios impuros con un carbón encendido, con el fin de transformar su boca en una vasija pura que pudiera proclamar el mensaje de Dios. De repente, las palabras de nuestra boca y las meditaciones de nuestro corazón no son nuestras, sino de Dios. Y eso puede ser inquietante. Finalmente, está el temor a perder el control. Cuando se busca la ayuda de otro en tiempos de oración compartida se rinde el control y se indica la voluntad de hacer cosas en formas que no se ha considerado. Llegar ante la presencia de aquel que es el Dios Altísimo, creador de cielo y la tierra, ¡significa que su voluntad y no la de usted es la que se hará! Y eso puede ser perturbador.

LA RESPUESTA A NUESTROS TEMORES

Amigos míos, el temor es la barricada a la oración eficaz. Pero la respuesta a nuestro temor puede sorprenderle igualmente. No es el valor, sino el amor. Y no cualquier clase de amor, sino un amor específico y sobrenatural que el apóstol Pablo describe como sigue: "En el amor no hay temor, sino que el perfecto amor echa fuera el temor; porque el temor lleva en sí castigo. De donde el que teme, no ha sido perfeccionado en el amor. Nosotros le amamos a él, porque él nos amó primero" (1 Juan 4:18, 19). El amor perfecto de Dios es la respuesta a nuestro temor. Porque solo a través del amor de Dios podemos entrar a una relación con Él y con su amado Hijo Jesús, quien es el camino, la verdad y la vida (Juan 14:6). Y es únicamente con este amor que podemos vencer el temor al pecado expuesto, el temor al dolor de la transformación, y el temor a rendir por completo nuestro ser al imponente creador mismo. ¿Y quién es este imponente Dios?

- Es amoroso y misericordioso, abundante en bondad y verdad. (Éxodo 34:6)
- Perdona la iniquidad y no retiene su ira para siempre. ¿Por qué? Porque se deleita en la misericordia y nos dará verdad (Miqueas 7:18-20)
- "...quiere que todos los hombres sean salvos y vengan al conocimiento de la verdad". Es el único Dios, y su Hijo, el

Dios-hombre Jesucristo, "se dio a sí mismo en rescate por todos". (1 Timoteo 2:4-6)

Este es el amor que conquistará toda falsa evidencia que exista —TEMOR— que aparente ser real.

El amor de Dios el Padre es real, liberador, transformador y cautivador. Saber esto es esencial para vencer la barricada del temor y desarrollar un sentido de urgencia en nuestras oraciones. Observo tal urgencia cada vez que participo en un grupo de hombres que se reúnen para orar cada domingo. Son guerreros de oración serios, demostrando su amor unos por otros al interceder por ellos temprano cada domingo en la mañana. Nuestro líder anuncia qué pasaje de las Escrituras se leerá y le pide a alguien que ore para que Dios ilumine nuestra mente (1 Corintios 2:14) y que abra los ojos de nuestro corazón (Efesios 1:18, 19) para comprender esa porción de su Palabra y para alimentar nuestras oraciones. Después de leer las Escrituras, vamos directamente a orar. Como el Espíritu Santo dirija, los hombres elevan sus voces como instrumentos de orquesta tocando una sinfonía de alabanza, confesión y petición delante de Dios nuestro Padre. ¡Gloria sea a nuestro gran Dios! El temor es vencido por el amor de Dios.

El gran amor del Padre se nos ha revelado en la persona de su Hijo, Jesucristo, quien, aun siendo el mismo Dios, se hizo hombre para poder convertirse en el sacrificio perfecto que se requería para pagar el castigo de nuestro pecado y satisfacer permanentemente la ira del justo juicio de su Padre contra nosotros.

TIEMPO DE ANÁLISIS

Amado lector, le ruego que tome ahora un momento para examinar su relación con este imponente Dios. ¿Cree usted que solo aquellos que confían en Cristo pueden ser declarados no culpables de traición contra el Altísimo Dios? ¿Cree que debido a la muerte de Cristo en la cruz podemos ser salvos de la esclavitud del pecado, de la culpa del pecado y del infierno eterno? Si no, le imploro que se detenga ahora mismo y haga una pausa radical. Reflexione en esta verdad liberadora que puede hacerle libre de usted mismo, del pecado y del infierno. Confiese con su boca y crea en su corazón que Dios el Padre levantó a Jesús de los muertos (Romanos 10:9, 10). Si lo cree, entonces clame a Dios para que le dé una mayor comprensión de su gran amor por usted. Deje que su perfecto amor aleje los temores que han estado obstaculizando sus oraciones, oprimiéndole y robando su gozo. Luego comience a orar en la confianza que tenemos en Cristo. Nuestra confianza no está en nuestras oraciones, ni siquiera en nuestra fe. Más bien, nuestra confianza está en la persona de Cristo, quien nos ha abierto el camino para tener acceso a Dios el Padre. (Efesios 3:12)

ARRIESGARSE: MARCO, ERIC Y FREDIE

Cuando pienso en gente cuya confianza en Cristo venció sus temores, pienso en mi amigo el pastor Marco David, su hermano Eric, y uno de sus ancianos de la iglesia, Fredie. Por muchos años, además de pastorear, Marco fue oficial de policía en Chicago, tal como lo fue Eric. Estos hermanos no solo arriesgaban su vida en el cumplimiento de su deber, sino que pasaban sus horas fuera de servicio de regreso en las calles llevando gloria a Dios al proclamar las buenas noticias de Jesús a quien quisiera escuchar. En lugar de dejar que su corazón se endureciera por lo que veían en el trabajo, Marco y Eric personificaron el amor de Cristo que, a su vez, creó un sentido de urgencia por proclamar el evangelio, sin importar las consecuencias.

Un día, Eric estaba haciendo su ministerio público en el vecindario Humboldt Park, infestado de pandillas y droga, cuando divisó a Fredie, de 19 años, caminando por la calle. Eric había tenido un encuentro previo con Fredie; así que se aproximó a él nuevamente y ahora comenzó a hablarle del Señor. No tenía ni idea de que en la caja que Fredie iba cargando estaba un rifle de asalto, una de las muchas armas que Fredie surtía a los miembros de las pandillas del vecindario. Fredie recuerda a Eric describiéndole a detalle los sufrimientos de Cristo y su muerte en la cruz para pagar por sus pecados, algo que él nunca había escuchado. Hasta ese día, su comprensión de Cristo se limitaba a lo que vio en pinturas de Jesús. Las palabras de Eric acerca del asombroso amor en la cruz dejaron una profunda impresión en el corazón de Fredie que Dios usaría semanas después.

Fredie era un joven confundido. Quería un cambio en su vida de violencia, drogas y tiroteos desde un auto. Fredie sentía que había hecho tanto mal que Dios nunca podría perdonarlo. Siendo miembro de pandillas desde los diez años, había traído a tantas personas a la pandilla que se preguntaba cómo sería posible irse. ¿Realmente podría cambiar? Fredie oró a Dios para que le mostrara quién en su pandilla y en su vida estaba a su favor y quién en contra. No hubo mucha teología profunda en su oración, pero fue un clamor honesto de su corazón. Dios había encendido en Fredie una chispa de fe. ¡La oración de Fredie, a la luz del amor y esperanza de la cruz, fue una llamada de emergencia que Dios escuchó en gran manera!

En el transcurso de las siguientes semanas las cosas fueron de mal en peor. A través de una serie de acontecimientos, Fredie comenzó a asentir que sus amigos no lo buscaban. Se volvió a drogas más fuertes, y se hizo más insensato, fuera de control. En este estado de confusión, esperaba que aquellos que creía que lo respaldarían intentarían detenerlo. Pero en lugar de ello, le dieron la espalda. Aunque Fredie no se daba cuenta todavía, Dios estaba respondiendo específicamente al clamor de su corazón de ver quién estaba a su favor y quién en contra. Su conducta destructiva llegó a su punto culminante una noche mientras intentaba arrollar a unos pandilleros con su auto. Mientras hacía la vuelta en "U" y se encaminaba hacia sus rivales, una patrulla de policía lo detectó y comenzó a perseguirlo. Fredie logró huir de la policía y regresar a casa. Un peso abrumador cayó sobre él mientras pensaba en su vida y hacia dónde se dirigía. Supo que en era solo cuestión de tiempo antes de que parara en la cárcel o terminara muerto. Fredie comenzó a gemir tan fuerte que su familia podía escucharlo desde el departamento superior. Cuando su cuñada preguntó qué pasaba, Fredie gritó: "¡Llama a Eric!". Cuando Eric recibió la llamada de la cuñada de Fredie, inmediatamente reclutó la ayuda de Marco. Dado que se estaban dirigiendo a un vecindario peligroso, decidieron llevar sus armas de servicio además de sus Biblias.

UNA BATALLA ESPIRITUAL POR EL ALMA DE FREDIE

Llegaron a casa de Fredie y fueron acompañados a su dormitorio, en donde lo hallaron sentado en la orilla de la cama aún bañado en lágrimas. Marco supo inmediatamente que había una batalla espiritual por el alma de Fredie. Caminando frenéticamente por la habitación, Fredie dijo que sabía que necesitaba cambiar, pero al estar tan profundamente involucrado con su pandilla, no veía salida. Creía que había hecho tanto mal que Dios no podría perdonarlo. En un momento dado, su madre entró a la habitación. Sospechaba de Eric y Marco, pero después de breves minutos, salió. Los hermanos supieron después que ella era médium y que a menudo la gente acudía a ella con el fin de contactar a los muertos.

Fredie era incapaz de permanecer quieto y concentrado en lo que Eric y Marco estaban leyéndole de sus Biblias.

Marco sintió la urgencia de pedir la ayuda de Dios. Le dijo a Eric que necesitaban dejar de hablar con Fredie y orar. Los hermanos se arrodillaron y comenzaron a suplicar seriamente a Dios el Padre que tuviera misericordia de ese joven. Imagine esta escena: ¡Dos oficiales de policía arrodillados en la habitación de un pandillero salvaje! Fue el amor de Dios derramado en sus corazones a través del Espíritu Santo lo que puso a esos dos policías de rodillas, pidiendo a Dios el Padre que reprendiera cualesquiera espíritus inmundos que pudieran estar oponiéndose u oprimiendo a Fredie. Rogaron a Dios que diera a este joven claridad mental y un corazón abierto para comprender y recibir el mensaje de salvación a través de Jesucristo.

Para cuando los hermanos terminaron de orar, Fredie estaba más calmado y dispuesto a escuchar. Esa noche, Fredie confió en Jesús como su Señor y Salvador. Desde ese momento en adelante Dios comenzó, a través del poder de su Espíritu, a transformar la vida de Fredie. La oración radical lleva al amor radical y resulta en una transformación radical. Fredie comenzó a asistir fielmente a la iglesia que Marco pastoreaba. La primera vez que llegó al servicio dominical, vestía todos los colores de su pandilla y se pavoneó por el pasillo hasta uno de los asientos del frente. Hubo muchos asuntos desafiantes que Fredie tendría que vencer (no sin la intervención de Dios) que preocupaban al pastor Marco. Uno era "el castigo", que por lo regular involucraba una golpiza seria en manos de miembros de la pandilla al filo de la muerte como el precio por dejar la pandilla. El pastor Marco comenzó a preguntarse si deberían buscar una forma en que Fredie dejara la ciudad. Evaluaron varios ministerios fuera de Chicago, pero Dios nunca abrió esas puertas. Como explica Marco: "Teníamos buenas intenciones, pero algunas veces subestimamos lo que Dios es capaz de hacer. Dios no nos permitió sacar a Fredie de la ciudad. Él quería que continuáramos mostrándole el amor de Jesús. El Espíritu Santo ya estaba trabajando en una forma poderosa, no reformándolo sino transformándolo desde el interior sin tener que abandonar Chicago".

PROTECCIÓN PARA FREDIE

El pastor Marco, su familia y la iglesia oraron mucho por Fredie en las semanas y meses que siguieron a su conversión. Una noche, cuando Marco estaba de servicio, Fredie llamó a su casa. La esposa de Marco, Liz, respondió y escuchó mientras Fredie explicaba que se estaba preparando para enfrentar las consecuencias de dejar a su pandilla. Sabía que si no iba a ellos, irían a buscarlo. Y si la pandilla no lo encontraba, iría contra su familia. Pero Marco, después explicó cómo su esposa le dijo a Fredie que él pertenecía a Dios y que "Dios no iba a permitir que la pandilla tocara ni un cabello de su cabeza". "Debo admitir que no tengo esa clase de fe", recordó Marco, "y estaba seguro que Fredie al menos iba a tener algún tipo de castigo. Esperaba que no fuera tan severo". Antes de que Fredie terminara la llamada, Liz oró con él. Luego, él dejó su casa para decir a la pandilla que se estaba yendo porque ahora pertenecía a Cristo Jesús.

Mientras Fredie buscaba a su pandilla, descubrió que debido a conflictos en el interior de esta (incluyendo un miembro que apuñaló a otro), la pandilla se desintegró para siempre. Este nuevo creyente, con una confianza "inmadura" en Cristo, había buscado la ayuda de Dios el Padre a través de la oración y había sido fortalecido por el Espíritu para dar un paso audaz. Hasta el día de hoy, Fredie aún vive en Chicago y nunca fue lastimado por algún ex miembro o algún miembro de una pandilla rival.

LA MISERICORDIA DE DIOS Y LA CORTE

Unos pocos meses después de su conversión, Fredie fue a hablar con el pastor Marco acerca de un asunto legal. Antes de su salvación, Fredie había sido arrestado con cargos de portación de armas. Explicó a Marco que había contratado a un abogado que trabajó para su pandilla en el pasado y que su defensa iba a ser que la policía le había plantado las armas. Dos amigas iban a testificar eso a su favor. Sin embargo, ahora que Fredie estaba en Cristo, tenía convicción de pecado por ese falso testimonio y buscó el consejo de su pastor. Marco le dijo a Fredie lo que el rey David había hecho después de que había pecado al censar a Israel. Dios iba a juzgar a David, dándole a escoger una de tres consecuencias. David eligió caer "en mano de Jehová, porque sus misericordias son muchas" (2 Samuel 24:11-14; 1 Crónicas 21:9-13). El pastor Marco sugirió a Fredie que se arrojara a la misericordia de Dios y a la misericordia de la corte. Oraron, y el siguiente día Fredie llamó a su abogado y le dijo que iba cambiar su declaración para confesarse culpable. El abogado estaba estupefacto y aseguró a Fredie que tenían una buena oportunidad de ganar el caso con el testimonio de las mujeres. Pero Fredie estaba decidido a hacer lo que era correcto delante de Dios, incluso si eso significaba ir a prisión.

Fredie se declaró culpable y pidió misericordia. Por la gracia de Dios, le dijeron que recibiría cuatro meses de correccional, no prisión. La iglesia se regocijó con él y siguió orando por él, animándolo que cuanto más pronto entrara al correccional, más pronto estaría de regreso sirviendo en la iglesia y creciendo en el Señor. El domingo antes de que Fredie se entregara, la iglesia tuvo una cena después del servicio para darle ánimo antes de que se reportara nuevamente en la Corte. Eric leyó un testimonio que había preparado, compartiendo todo lo que Dios había hecho en la vida de Fredie en los seis meses pasados, cómo estaba creciendo en su conocimiento del Señor, trayendo a otros miembros de pandillas a la iglesia, ayudando a sacar armas peligrosas de las calles, trabajando en un empleo a tiempo completo y consiguiéndose su propio apartamento. Fredie había pedido a Eric que lo llevara en auto a la Corte el día en que debía reportarse, y una vez más, Eric pidió a Marco que fuera con él. Eric llevó una copia del testimonio que había leído a la iglesia en la cena, dándoselo a Fredie y sugiriendo que se lo diera al juez. El abogado de Fredie no se entusiasmó mucho con eso, pensando que podría molestar al juez. Cuando el juez comenzó la rutina prescrita para sentenciar a Fredie, su abogado le entregó el testimonio. El juez pareció molesto al principio; pero luego comenzó a leerlo. Cuando terminó, preguntó si los dos oficiales de policía mencionados en el testimonio estaban presentes. Al enterarse de que lo estaban, movió el caso de Fredie al final de la lista para poder hablar con los dos oficiales. Esto fue una verdadera sorpresa tanto para Marco como para Eric. No tenían intención, ni habían imaginado, que hablarían con el juez a favor de Fredie. Aunque los hermanos no lo pensaron en ese momento, su testimonio a favor de este ahora ex pandillero no hubiera sido bien favorablemente por el departamento de policía o sus compañeros oficiales. Le dije a mi amigo Marco que ellos se habían cegado por el amor de Cristo ante cualquier temor del hombre y habían puesto su confianza en el Señor (Proverbios 29:25). Marco, rápidamente volteó hacia Eric y dijo: "¿Qué vamos a decir?". Eric replicó: "Tú eres el predicador, tú dime". Así que mientras el juez revisaba otros casos, los hermanos oraron.

La siguiente vez que Fredie estuvo frente al juez, ¡tuvo a dos policías de pie a su lado! Juraron decir la verdad y se les dio la oportunidad de testificar al juez que Dios había cambiado a Fredie y que ellos creían que ya no se metería en problemas. El fiscal del Estado objetó a todo eso, así que el juez le permitió interrogar a los oficiales. Cuando lo hizo, el juez dio vuelta hacia Fredie y le preguntó si tenía algo qué decir antes de que él pasara la sentencia. Fredie respondió: "No, señor". El juez comenzó diciendo que lo que había atestiguado no tenía precedente. (¡No tenía precedente, por supuesto, porque había sido orquestado por Dios nuestro Padre y no por seres humanos!). El juez continuó diciendo que debido a que Marco y Eric eran oficiales de policía veteranos que conocían los problemas y la amenaza que significan los miembros de pandillas, estaba inclinado a creer en su testimonio de que Fredie era un hombre transformado. Sentenció a Fredie a libertad condicional y le dejó salir de la corte ese día.

Quince años después, Fredie continúa siendo un fiel seguidor de Cristo y un anciano de la iglesia, sirviendo junto al pastor Marco y a Eric. Está casado con una fiel cristiana que conoció en la iglesia, tienen cinco hermosos hijos y trabaja para una gran empresa de servicios públicos. Su vida sigue siendo una bendición para todos los que lo conocen y sirve como recordatorio de que la oración radical hace nacer el amor radical que resulta en transformación radical para la gloria de Dios.

4

EL PROPÓSITO DE LA ORACIÓN RADICAL

Oh Abba —Papá—, ¡por favor escucha mi ardiente súplica! Por favor continúa enseñándome, a través de tu Espíritu, a orar mucho más efectivamente al alimentar mis oraciones con tu Palabra absoluta y deliciosa, de modo que cada una de mis oraciones radicales y bíblicas sean audaces, para santificar tu santo nombre. En el nombre de Jesús, ¡amén!

EN MI TRAVESÍA hacia volverme más disciplinado en la oración, naturalmente viré hacia la Biblia, y como los discípulos de Jesús, le pedí a mi Salvador: "Señor, enséñame a orar". No es de sorprender que mi petición me llevara directo a Lucas 11:1-13, una porción de las Escrituras que había leído cientos de veces. Solo que esta vez el Espíritu gentilmente me proveyó de un fresco e inesperado entendimiento que revitalizaría más a fondo mi vida personal de oración.

Hay numerosos trabajos eruditos disponibles acerca de esta notable porción de las Escrituras. Por lo tanto, lo que quiero compartir con usted aquí es cómo este texto se ha hecho vivo para mí al mostrarme la razón de por qué oramos, al igual que enseñarme que Dios es tan soberano como yo soy responsable de cómo se despliega el misterio y el poder de la oración. Lucas 11 comienza con la versión menos conocida de lo que típicamente se llama "El Padrenuestro". Lucas nos dice que Jesús había estado orando, y que cuando terminó, uno de sus discípulos se acercó para pedirle que les enseñara a orar.

"ENSÉÑANOS A ORAR"

Fue una petición extraña para un hombre judío que estaba muy familiarizado con la oración. Sabían por las Escrituras que David y Daniel oraban tres veces al día (Salmo 55:17; Daniel 6:10). Habían leído los ruegos de Abraham por las almas de Sodoma. Habían escuchado de las intercesiones de Moisés por el pueblo de dura cerviz de Israel, y de los clamores de Isaías para que el Señor no se enfureciera con su pueblo o recordara su iniquidad para siempre (Isaías 64:9). Incluso tenían una colección de oraciones en el libro de los Salmos para casi cada ocasión. Además, esta solicitud en sí fue hecha mencionando que Juan el Bautista había enseñado a sus discípulos a orar.

Pero mientras reflexionaba nuevamente en la petición de los discípulos, me di cuenta que no le estaban pidiendo a Jesús un manual de "cómo" orar, sino que le estaban preguntando cómo podían tener el mismo tipo de relación íntima que él tenía con Dios el Padre.

Leamos la respuesta de Jesús en Lucas 11:2-4:

> Y les dijo: "Cuando oréis, decid: Padre nuestro que estás en los cielos, santificado sea tu nombre. Venga tu reino. Hágase tu voluntad, como en el cielo, así también en la tierra. El pan nuestro de cada día, dánoslo hoy. Y perdónanos nuestros pecados, porque también nosotros perdonamos a

todos los que nos deben. Y no nos metas en tentación, mas líbranos del mal".

La primera instrucción de Jesús fue que los discípulos recordaran a quién se están dirigiendo en oración, concretamente, a su Padre en los cielos. Ciertamente, no hay una oración real sin esta relación, que se obtiene únicamente a través de creer que Jesucristo es el hijo unigénito de Dios y el vehículo exclusivo a través del que nos dirigimos al Padre en oración. Y es solamente por esta relación que podemos dirigirnos libre y confiadamente a Dios como nuestro Padre, en el nombre de Jesús, sabiendo plenamente que el Espíritu Santo nos dará la respuesta del Padre a nuestras oraciones.

Amado lector, si siente que su vida de oración no es lo que debería ser, entonces le ruego una vez más que inmediatamente tome tiempo para examinar su fe. Como Colin Smith, pastor principal de The Orchard Evangelical Free Church in Illinois, tan poderosamente lo dijo: "La fe ora". Es tan sencillo como eso. Si usted no está orando, entonces es tiempo de preguntarse: ¿En dónde está poniendo su fe?

Durante mi tiempo en la cabaña comencé a ver cuánto había caído en la trampa de poner mi fe en lo que estaba haciendo para Dios en vez de en quién es Dios y en lo que Él estaba buscando hacer en mí y a través de mí. Como resultado, ¡mi vida de oración había estado putrefacta! En Jeremías 32:33, Dios dice al pueblo: "Y me volvieron la cerviz, y no el rostro". La idolatría era la raíz de su falta de oración, como lo era de la mía. En lugar de buscar a Dios, en vez de mirarlo a la cara, la gente le daba la espalda y, en realidad, buscaba a algo o a alguien más. Esa es la naturaleza de la idolatría. No podemos tener una relación con alguien si no pasamos tiempo de frente a la persona. Y cuando miramos a alguien a la cara, nos dirigimos al individuo, reconocemos quién es él o ella.

Sin fe no hay base para la oración y su vida de oración se sentirá vacía, ¡como la mía antes de que Dios me despertara! "Sin fe es imposible agradar a Dios" (Hebreos 11:6), dicen las Escrituras. Pero las buenas noticias son que el versículo no se detiene ahí. Sigue diciendo: "porque es necesario que el que se acerca a Dios crea que le hay, y que es galardonador de los que le buscan". Aquí se nos asegura que Dios recompensa y escucha a aquellos que creen y que diligentemente le buscan.

Juan 15:7, 8 da otra tremenda promesa, una en la que Jesús mismo declara que el Padre será santificado. Dijo: "Si permanecéis en mí, y mis palabras permanecen en vosotros, pedid todo lo que queréis, y os será hecho. En esto es glorificado mi Padre, en que llevéis mucho fruto, y seáis así mis discípulos".

Así que en la oración enfocamos nuestros pensamientos en aquel a quien los estamos dirigiendo cuando decimos: "Padre nuestro, que estás en los cielos". Nos recordamos a nosotros mismos quién es aquel a quien nos acercamos y por qué podemos tener acceso a Él, a través de la fe en Jesucristo y a través del poder del Espíritu Santo (Efesios 2:18). Nos recordamos a nosotros mismos que esto no es solo una forma de meditación usada para calmar nuestro ser interior y hacernos sentir mejor. No estamos simplemente hablando al aire, estamos hablándole al Dios del universo.

SEIS PETICIONES BÁSICAS PARA NUESTRAS ORACIONES

Después, Dios entrega a los discípulos seis peticiones básicas para sus oraciones, comenzando con lo que ahora veo es nuestra petición suprema: Santificado sea tu nombre. Que la primera línea del Padrenuestro —"Santificado sea tu nombre"— sea, incluso, una petición, fue algo que nunca comprendí totalmente. ¿Cuán a menudo había recitado esta oración sin detenerme realmente a considerar su primer renglón como una petición de oración en sí misma? Hasta este momento de conciencia, acostumbraba pensar en estas palabras "solo" como una aclamación, una exaltación adjunta a las palabras introductorias.

Dios usó un mensaje de mi amigo, el doctor John Piper, fundador y maestro de *desiringGod.org*, para ayudarme a comprender que la santificación del nombre de Dios es la petición primaria de la oración de Jesús. (Su mensaje fue presentado a un grupo de pastores en el verano de 2011, no por casualidad fue al mismo tiempo en que mi vida de oración estaba siendo revolucionada).

La petición del Hijo al Padre fue que el nombre del Padre fuera santificado (o reverenciado). Jesús, por lo tanto, enseñó a sus discípulos que lo único que realmente importaba en la vida era que Dios el Padre fuera glorificado.

Ese fue su propósito supremo como Hijo de Dios, glorificar a su Padre en todo lo que hizo. Ese debería ser nuestro propósito primario también. Como el Catecismo de Westminster tan brevemente lo dice: "El fin principal del hombre es glorificar a Dios y disfrutar de Él para siempre".

Cuando realmente comprendamos cuán digno es Dios el Padre de ser glorificado, comenzaremos a disfrutar de Él, a pasar más tiempo con Él y a tener intimidad con Él en oración. Eso nos llevará a verdaderos nuevos niveles de gozo.

En su primera petición, entonces, Jesús dio a sus discípulos la razón por la que debemos orar: para santificar el nombre del Padre. Les dio una mirada más profunda a la relación íntima que Él tenía con el Padre y reveló su motivación para la oración, lo cual, para empezar, creo es en realidad lo que los discípulos buscaban cuando hicieron su petición.

El doctor Piper me impulsó más a comprender la importancia de nuestra "santificación" al mencionar que es la única de las seis peticiones que involucra una respuesta del corazón humano. En su mensaje de 2011 (al que me referí antes), Piper dijo:

> En esta petición, escuchamos explícitamente (puede estar implícito en las otras, pero solamente aquí es explícita), la respuesta específica del corazón humano que Dios requiere de todos los seres humanos, la santificación, reverencia, honor, estima, admiración, aprecio y atesoramiento del nombre de Dios por sobre todas las cosas. Ninguna de las otras cinco peticiones nos dice explícitamente que oremos por una respuesta humana del corazón.[4]

Después de enseñar a sus discípulos el porqué de la oración es la santificación del nombre del Padre, lo cual involucra la respuesta del corazón, Jesús entonces los instruye en el qué de la oración. Nuevamente, con la ayuda de la enseñanza del doctor Piper, vi que todas las cinco peticiones restantes en Lucas 11:2-4 apoyan la primera y suprema petición de que el nombre de Dios sea santificado.

1. El nombre de Dios será santificado cuando venga su Reino; es decir, cuando su Reino sea un día establecido en los cielos nuevos y tierra nueva. Así que debemos orar por el regreso de Cristo y el restablecimiento de su Reino.

2. El nombre de Dios será santificado cuando su voluntad sea hecha en la tierra; es decir, cuando sus seguidores vivan en obediencia a sus mandamientos. Debemos, por lo tanto, orar como el reformador francés, Juan Calvino, lo hizo, que el Reino invisible de Dios pueda hacerse visible a través de su pueblo en toda su conducta.

3. El nombre de Dios será santificado cuando provea el pan diario. Él es glorificado cuando provee para las necesidades básicas de su pueblo. Así que debemos orar que Dios supla esas necesidades.

4. El nombre de Dios será santificado cuando Él perdone nuestro pecado y especialmente cuando nosotros, a nuestra vez, perdonemos a otros; es decir, Dios es glorificado cuando podemos perdonar a alguien más, recordando la gran misericordia que Dios nos mostró primero. Por lo tanto, debemos orar por la habilidad para perdonar a otros cuando nos han hecho mal.

5. El nombre de Dios será santificado cuando Él nos dé victoria sobre la tentación; es decir, Dios es glorificado cuando nos guarda de hacer el mal. Así que debemos orar por la habilidad de resistir la tentación y la de escoger lo que es verdadero, honesto, justo, puro, amable, lo que es de buen nombre y digno de alabanza (Filipenses 4:8)

Cuando comencé a comprender totalmente que nuestro objetivo, en todo momento, es santificar el nombre santo de Dios, mi vida de oración se transformó. Tomé, por ejemplo, la petición del pan diario. Antes le pedía a Dios que supliera las necesidades de mi familia, lo cual Jesús nos dice que es algo por lo que debemos orar. No obstante, ahora me doy cuenta que necesitaba hacer esta petición a partir de mi preocupación por la gloria de Dios más que por las necesidades reales de mi familia. En otras palabras, ahora le pido a Dios el Padre que provea mi pan diario para que así yo tenga la energía de santificar su nombre a través de la oración. Pido por la provisión de mi familia para que ellos también sean capaces de santificar el nombre de Dios y vivir de manera que muestren a otros la fidelidad de Dios. Vi que orar para que Dios me guardara de la tentación y me librara del maligno no tenía tanto que ver con evitar las dolorosas consecuencias del pecado, sino con entender que el nombre de Dios fuera glorificado a través del testimonio de mi vida transformada.

¿Cómo puedo llegar a su presencia para santificar su nombre en oración si estoy involucrado con el pecado? ¿Cómo puedo testificar a otros de su poder transformador si caigo en las tentaciones pecaminosas que me rodean? No puedo. Por lo tanto, oro que Dios me libre de la tentación y me guarde de pecar con el propósito de poder glorificarle en todo lo que hago.

UNA PARÁBOLA SOBRE GLORIFICAR A DIOS

Que el santificar el nombre de Dios el Padre es nuestra principal prioridad también fue enfatizado por Jesús en la parábola que contó inmediatamente después de dar a sus discípulos este patrón para la oración. Jesús contó parábolas, las que eran historias muy humanas y, por lo tanto, cercanas, para enseñarnos verdades espirituales. A menudo se dice que las parábolas son historias terrenales con significado celestial. Así que con muchas de las parábolas necesitamos hacer dos preguntas:

¿Qué personaje me representa?

¿Qué personaje representa a Dios?

Esto nos ayudará a comprender el objetivo de la historia de Jesús. Aquí está la parábola que Jesús contó, tal como se registró en Lucas 11:5-8.

> Les dijo también: ¿Quién de vosotros que tenga un amigo, va a él a medianoche y le dice: Amigo, préstame tres panes,

> porque un amigo mío ha venido a mí de viaje, y no tengo qué ponerle delante; y aquél, respondiendo desde adentro, le dice: No me molestes; la puerta ya está cerrada, y mis niños están conmigo en cama; no puedo levantarme, y dártelos? Os digo, que aunque no se levante a dárselos por ser su amigo, sin embargo por su importunidad se levantará y le dará todo lo que necesite.

En este caso, es fácil darse cuenta cuál personaje nos representa a usted y a mí, porque Jesús lo dice desde el inicio. Pidió a los discípulos que se imaginaran que se habían acercado a un amigo a medianoche para pedirle comida para otro amigo que había hecho un viaje para verlos. Aunque es fácil ver el personaje que nos representa, es humillante en realidad identificarlo. Al hacerlo, necesitamos admitir que somos la persona que no está lista, el que no tiene nada qué ofrecer al amigo en necesidad.

Tome un momento para captar lo que acabo de escribir. Antes de que este hombre pudiera ayudar a alguien, necesitaba confesar su propia necesidad de ayuda. Esto no es una simple petición de unas pocas hogazas de pan. En la cultura de Medio Oriente del tiempo de Jesús, la hospitalidad era (y aún es) una prioridad muy importante. Sería vergonzoso para el que no estuviera listo, y un gran insulto para el que fuera el invitado, si no se le daba una bienvenida apropiada. La visita inesperada de un amigo expuso la necesidad dentro de la propia casa del anfitrión, "no tengo qué ponerle delante". Jesús nos está pidiendo que admitamos que somos como mendigos. Así que dejemos de fingir y tomemos una pausa radical. Vamos a sincerarnos y ser auténticos con Dios nuestro Padre al acercarnos a Él a través de la oración radical y bíblica, en el nombre de Jesús. Volteemos nuestro rostro, no nuestra espalda, hacia Dios nuestro Padre. Caigamos de rodillas, convirtámonos en mendigos descarados y digámosle a Dios que lo que queremos es que solo Él sea el único objeto de nuestro cariño, para que podamos santificar su nombre supremo, majestuoso y santo. Seamos diligentes al orar que el mismísimo nombre de Dios sea valorado y atesorado por todos los pueblos por doquier.

5

LA PERSISTENCIA DE LA ORACIÓN RADICAL

Mi amado Padre celestial, límpiame con hisopo y crea dentro de mi corazón una capacidad más profunda para recibir y retener tu irresistible amor transformador. Fortalece mi corazón con una pasión nueva por amarte y, por consiguiente, amar y aceptar a cualquiera que pongas en mi camino, a pesar de lo que haya hecho o de dónde venga. En el nombre de Jesús, ¡amén!

EN EL CAPÍTULO ANTERIOR dije que en muchas de las parábolas de Jesús debemos hacernos dos preguntas. La primera pregunta es: ¿Quién "me" representa en la parábola? Por ejemplo, en el capítulo 4 reconocimos que en la parábola de Jesús en Lucas 11, usted y yo éramos la persona que resultó deficiente; golpeando la puerta, necesitando urgentemente ayuda. El mendigo. En este capítulo, examinaremos la segunda pregunta que debemos hacernos, concretamente: "¿Qué personaje de la historia representa a Dios?". ¡Y la respuesta podría sorprenderle!

Leamos la parábola de Lucas 11:5-8 nuevamente:

> Les dijo también: ¿Quién de vosotros que tenga un amigo, va a él a medianoche y le dice: Amigo, préstame tres panes,

> porque un amigo mío ha venido a mí de viaje, y no tengo qué ponerle delante; y aquél, respondiendo desde adentro, le dice: No me molestes; la puerta ya está cerrada, y mis niños están conmigo en cama; no puedo levantarme, y dártelos? Os digo, que aunque no se levante a dárselos por ser su amigo, sin embargo por su importunidad se levantará y le dará todo lo que necesite.

Por extraño que pudiera parecer, el personaje que representa aquí a Dios es el amigo que ya está en la cama. Es correcto, el hombre tras la puerta cerrada. El que responde a "nuestro" repetido golpear a la puerta con: "No me molestes. No puedo ayudarte en este momento". ¡No es exactamente la forma en que nos imaginamos a nuestro Dios que responde oraciones! Y, sin embargo, si somos honestos, todos tenemos en algún momento u otro ideas que Dios es de esta manera. Lento en responder. Poco dispuesto a ayudar. Tal como María y Martha encontraron a Jesús cuando se retrasó en ir a sanar a su hermano Lázaro cuando estaba enfermo y muriendo (Juan 11:1-15; 20-22)

Pero ahora veamos cómo se desarrolla esta historia de "descarada persistencia".

PARÁBOLA DE LA FIDELIDAD

Ambos hombres se encuentran en la cultura del Medio Oriente, donde la hospitalidad es excesivamente importante. Sería vergonzoso para el que no estaba preparado, y un gran insulto para el invitado, si no se daba una bienvenida adecuada. Y aunque era una visita inesperada a una hora muy inusual (medianoche), la cultura demandaba que se le proveyera algo. Así que, con el fin de salir bien parado, el hombre busca ayuda, llegando al punto de volverse una molestia con tal de alimentar a su amigo. Pero sin menor influencia de su comprensión cultural está el hombre que se encuentra en la cama. ¿No demandaría también este énfasis en la hospitalidad que el hombre tras la puerta se levantara para compartir con su vecino en necesidad? En este punto conflictivo, el pastor Tom Stuart discute en su *blog* que "un gran tema de este pasaje completo acerca de la oración es sobre la naturaleza del Padre y su respuesta a la oración". Stuart escribe:

> El nombre de una persona y su reputación estaban en juego cuando se le pidió que abriera su casa y compartiera sus posesiones con una persona en necesidad. Si corría la voz de que el hombre había negado a su prójimo su ayuda en tiempo de necesidad sería una vergüenza para él y para su nombre. Cualquier cabeza de familia que se respetara escogería evitar la vergüenza al responder una súplica por pan. Este es el caso del hombre en su cama, e incluso más importante, nuestro Padre que está en los cielos. Así que ese es el entendimiento que nos ha faltado para comprender de verdad esta parábola. Pensamos que era un desafío para ser descarados en nuestra persistencia en la oración. Pero tiene mucho más que ver con nuestro Padre celestial siendo fiel a su nombre y naturaleza. Pensábamos que todo se trataba de nuestra fe cuando en realidad se trata de la fidelidad de Dios.[5]

Esta perspectiva se alinea bellamente con lo que los discípulos estaban buscando antes respecto a la intimidad que Jesús tenía con el Padre. Por lo tanto, para animar a los discípulos a la oración, tenía mucho sentido para Jesús instruirlos acerca de aquel a quien estaban orando. Lo maravilloso aquí es que el anfitrión en la historia de Jesús conocía a quien acudir en su tiempo de necesidad. Su amigo, que había llegado de muy lejos, podría no conocer a la persona que se hallaba detrás de la puerta, pero el "mendigo" la conocía. Él sabía que había hallado a la persona correcta para suplir su necesidad, para evitar que fuera avergonzado. Y ahora estaba dando al que estaba en su cama una oportunidad para traer gloria para sí mismo al suplir su petición.

Decimos que sabemos que Dios tiene todo lo que necesitamos para la vida. La pregunta es: ¿Realmente lo creemos? ¿Estamos plenamente convencidos de que tiene exactamente lo que necesitamos? ¿Estamos totalmente comprometidos a buscar solo a Dios? Si decimos que Dios es el único que puede suplir nuestras necesidades, ¿entonces por qué tan a menudo buscamos a otros para que lo hagan? En vez de ello, nuestra actitud hacia la oración debería de ser: "¡No voy a ningún otro lado hasta que Dios el Padre abra la puerta y me dé lo que necesito para bendecir a mi prójimo, para la santificación de su Nombre!".

PERSISTIR EN NUESTRAS ORACIONES

Al enfatizar en la fidelidad de su Padre, Jesús motivó a sus discípulos —¡y nos motiva hoy a nosotros!— a persistir en nuestras oraciones.

He visto y experimentado evidencia incuestionable de que nuestro amoroso Dios Padre se deleita en responder nuestras oraciones radicales y bíblicas cuando nuestra "persistencia" es impulsada por nuestro conocimiento de que Él es fiel. De que Él es capaz. ¡Y solo podemos conocer la fidelidad de Dios si tenemos una íntima relación con Él! Este es el contexto de esta íntima relación con el Dios que es fiel, que Jesús dice que podemos pedir, buscar y llamar persistentemente en busca de la respuesta del Padre.

> Y yo os digo: Pedid, y se os dará; buscad, y hallaréis; llamad, y se os abrirá. Porque todo aquel que pide, recibe; y el que busca, halla; y al que llama, se le abrirá. ¿Qué padre de vosotros, si su hijo le pide pan, le dará una piedra? ¿o si pescado, en lugar de pescado, le dará una serpiente? ¿O si le pide un huevo, le dará un escorpión? Pues si vosotros, siendo malos, sabéis dar buenas dádivas a vuestros hijos, ¿cuánto más vuestro Padre celestial dará el Espíritu Santo a los que se lo pidan? (Lucas 11:9-13)

Tras declarar: "Y yo os digo", Jesús dio a los discípulos tres mandamientos, cada uno seguido de una promesa. Les dijo que pidieran, buscaran y llamaran, y luego prometió que si lo hacían, recibirían, hallarían, y la puerta les sería abierta. En el idioma original, cada uno de estos verbos es un imperativo en el tiempo presente, denotando un mandato enfático. La palabra griega para "pedir" es *aiteite*, que significa rogar o solicitar. La palabra para "buscar" es *zeteite*, que significa buscar o desear. *Krouete* es la palabra traducida como "llamar" en el idioma griego. Estas son palabras de acción, ¡palabras de acción que llevan implícita la idea de extrema inmediatez!

¿Le parece difícil orar? Agarre esta ENORME promesa. ¡Pida, busque y llame! Dios verá que usted reciba y halle, ¡y que las puertas cerradas se le abran! No obstante, aquí deben hacerse dos advertencias. La primera es contra pensar que podemos importunar, fastidiar o arengar a Dios para que responda nuestras oraciones si tan solo "seguimos intentándolo". Un peligro aquí, y puede comenzar sutilmente, es que movamos nuestra fe de Dios mismo y la coloquemos en nuestros esfuerzos, en la cantidad o la intensidad de nuestra oración. La segunda advertencia puede parecer contradictoria: Nuestra persistencia puede paralizarnos en realidad. En la cultura del medio oeste en la que principalmente yo ministro, este tipo de persistencia se considera casi ruda o inapropiada. Por lo tanto, podemos ser propensos a descartar muy pronto esta parábola por nuestra incomodidad ante tal persistencia ¡y no tomar el tiempo para batallar con la posibilidad de que Jesús nos esté enseñando algo que debe sacudir nuestra manera usual de orar!

Ambas tendencias pueden ser templadas al recordar otra cosa acerca de la oración que también se enseña en Lucas 11:1-13: Cuando honramos el nombre de Dios, tenemos el deber de ser persistentes, y podemos llegar confiadamente ante nuestro amoroso Padre celestial cuando lo hacemos a favor de otros. Es a la luz de quién es Dios y nuestra persistencia para santificar su nombre, que Jesús da a los discípulos la seguridad de que su Padre celestial dará buenas respuestas a sus oraciones. Si los padres humanos y terrenales saben cómo dar buenas respuestas a las peticiones de sus hijos, ¡cuánto más puede hacerlo el Padre celestial! El contraste es tan severo que Jesús, incluso, usa la palabra "malo" para describir al mejor padre terrenal al compararlo con el Padre celestial. Jesús estaba diciendo a sus discípulos que Dios nunca les timaría. Nunca intercambiaría el mal por el bien. Y ellos podían contar con esa respuesta porque Él, Jesús, tenía conocimiento personal, de primera mano, del Padre.

Nuestra persistencia, entonces, queda completamente motivada e impulsada por nuestra amorosa obediencia a Dios nuestro Padre y por nuestro deseo apasionado de santificar su nombre santo. De tal forma, cuando pedimos, buscamos y llamamos a una puerta; siempre podemos estar confiando que nuestro Padre responderá.

PONER EN PRÁCTICA LA PERSISTENCIA

Conocí a Diego en Louisiana en la Semana Santa de 2002. Nativo de Colombia, Sudamérica, conectó conmigo de inmediato;

pronto nos convertiríamos en amigos comprometidos. Allá muy en el sur, en la tierra del cangrejo y las especias de Cajún, este cubano se sorprendió al hallar a alguien que hablaba el idioma del cielo (es decir, español) y que apreciaba un buen plato de arroz y habichuelas negras. Yo iba con un gran grupo acompañando a Chuck Colson, fundador de *Prison Fellowship* [Confraternidad Carcelaria], en sus tradicionales servicios de Semana Santa en prisión. Estábamos en el Penal Estatal de Louisiana, mejor conocido como Angola, por la pequeña oficina de correos que atiende a la prisión. Sí, Diego era un interno de Angola. Cinco años antes, Diego había sido hallado culpable de posesión de heroína con intento de distribución. Recibió una sentencia dura y sin precedentes por su primer delito relacionado a las drogas (cadena perpetua) y fue enviado a Angola, que alguna vez fue la prisión más sangrienta de los Estados Unidos. Sin embargo, bajo el liderazgo innovador del alcaide Burl Cain, esta prisión alguna vez sangrienta se ha convertido en una de las menos violentas. Y para Diego, Angola se convirtió en el lugar en el que fue confrontado por la verdad de Jesucristo e invadido por la gracia de Dios. A menudo digo a los internos que es mejor llegar al cielo en la prisión que llegar al infierno en las calles. Diego se arrepintió de sus pecados, confesó con su boca y creyó en su corazón que Dios el Padre levantó a Jesús de los muertos (Romanos 10:9-10). Su relación con nuestro Dios trino trajo un nuevo propósito en la vida.

Mientras estaba en prisión, Diego logró una Licenciatura en Artes Liberales con certificación en Ministerio Cristiano por el Seminario Teológico Bautista de Nueva Orleáns, convirtiéndose en un ministro preso. Habló a jóvenes que visitaban durante recorridos de visita por la prisión, todo como parte de su confirmación ministerial; dedicó, además tiempo desarrollando su don de pintar. Pero su verdadera pasión fue su trabajo con el programa del hospital de la prisión, así que se certificó como trabajador de hospital.

Cuando se le asignaba un paciente, estaba de servicio 24/7 para atender amorosa e incansablemente a un individuo con necesidades físicas y espirituales. (Permitir a ministros internos moverse por la prisión es una de las innovaciones del alcaide Cain que ha traído un cambio positivo en la cultura de la prisión). Diego, a menudo me decía que él no había tenido problemas con cambiar el pañal de un hombre porque podía hacerlo con el amor de Cristo y a través del poder del Espíritu Santo. Cuarenta y siete internos respiraron su último aliento con Diego a su lado.

Con el correr de los años, Diego ha atravesado sin éxito por una serie de apelaciones en un intento de anular su condena o reducir su sentencia. Esto fue muy costoso financiera y emocionalmente para él y su familia. Sorprendentemente, a la larga se le otorgó una audiencia ante la Junta de Libertad Condicional y Perdón de Louisiana, y se nos pidió a Tom y Wendy Horton y a mí que asistiéramos a la audiencia y habláramos a su favor. Toda la población de la prisión, tanto internos como oficiales, se interesaron en el resultado. Dado que Diego había recibido cadena perpetua como delincuente sin antecedentes penales y por un caso relacionado con las drogas, esta audiencia era importante. Se podría asentar un precedente.

Yo tenía previsto predicar en el servicio de capilla en el complejo principal de la prisión la misma tarde de la audiencia de Diego. Teníamos pensado que el servicio fuera un tiempo de celebración. Pero la audiencia no fue buena. A Diego se le negó la libertad condicional. El entusiasmo y la esperanza que se habían extendido por la prisión durante los días anteriores a la audiencia se disiparon como el aire de un globo desinflado. Cuando llegó el tiempo del servicio vespertino, no estaba seguro si Diego asistiría. Pero ahí estaba, así como su saludo habitual con una botella de agua fría y una toalla para secarme el sudor. Estaba testificando del poder de Cristo en él por la forma gentil en la que estaba respondiendo a esta adversidad.

ORACIÓN RADICAL Y BÍBLICA POR DIEGO

Por supuesto, comenzamos a orar. Esta fue una oportunidad para que yo pusiera en práctica lo que había aprendido de Lucas 11, es decir, que nuestras oraciones deberían referirse a las necesidades de otros, no solo las nuestras; que necesitamos persistir en la oración; y, sobre todo, nuestra oración debe ser para la santificación del nombre de Dios. Por lo tanto, mis oraciones ahora no solo eran por Diego. Más bien, estaba más preocupado por la santificación del nombre de Dios a través de Diego y su situación.

Generalmente, cuando a alguien se le niega la libertad condicional, deben esperar tres años antes de solicitar otra audiencia. ¡Pero movido por el Espíritu Santo, comencé a orar para que a Diego le pudieran dar una segunda audiencia en menos de seis meses! Esa fue una petición audaz. Los Horton y otros se me unieron en esta oración bíblica y radical. Eso era algo que solamente Dios podía hacer. Solamente Él podía mover los corazones de los oficiales para concederle otra audiencia tan rápido y estar abiertos a que Diego regresara con su familia a Colombia. Incluso los impíos tenían que reconocer que esto no lo podría orquestar ningún ser humano.

Oramos al Dios que es como ningún otro, el que obra a favor de aquellos que esperan en Él (Isaías 64:4). En el lapso de seis meses, los Horton y yo regresamos a Angola para la segunda audiencia de Diego. En la cárcel pudo testificar de Jesucristo a más de cuarenta y cinco hispanos y docenas de hombres de habla inglesa. ¡El nombre de Dios fue santificado!

Cuando llegó a Colombia, se reunió con su numerosa familia. No obstante, fue agridulce, porque su madre había fallecido dos años antes. Dios fue misericordioso, sin embargo, al permitir a Diego pasar algún tiempo con su papá antes de que muriera. Sé que era importante para Diego, quien había cuidado a tantos en Angola, poder atender a su propio padre en sus últimos días. Pero las cosas no fueron fáciles para Diego en Colombia. Tuvo dificultades para encontrar trabajo y hallar una iglesia local en donde poder adorar y tener comunión. Los Horton y yo nos mantuvimos en contacto con él a través de llamadas telefónicas y correos electrónicos; incluso comenzamos a orar acerca de viajar a verlo. En abril de 2014, escuchamos por la hermana de Diego que él había sufrido un ataque fulminante al corazón. Nos consoló el saber que Diego estaba sepultado junto a sus padres en su tierra de Colombia y no en un cementerio de internos en Angola. Pero lo más importante, nos regocijamos en que Diego ahora estaba presente con su amoroso Padre celestial.

EL PODER DE LA ORACIÓN AUDAZ Y PERSISTENTE

Querido lector, reflexione en la historia de Diego y en el poder de la oración audaz y persistente. ¿Haría una pausa y se arrepentiría de cualesquiera percepciones erróneas que tenga del Dios que es fiel para responder las oraciones de su pueblo? Pida al Padre que le dé una comprensión más profunda de quién es Él. Pase tiempo leyendo y orando las Escrituras que hablan de su maravilloso poder y gloria. Si lo hace así, tendrá una nueva y renovada confianza en la oración radical y bíblica. Y sabrá más allá de toda duda que Él es un Padre celestial bueno, amoroso y fiel que siempre tiene su beneficio en mente. ¿Por qué? Porque a través de usted y de mí su deseo es su gloria y que usted santifique su santo nombre.

6

EL PODER DE LA ORACIÓN RADICAL

Mi Padre y mi Dios, vengo a ti con confianza y valentía, aunque con humildad, pidiéndote que me llenes nuevamente con tu Espíritu y me concedas a través de tu Espíritu Santo el mismo corazón de Jesucristo, para que pueda caminar en el poder de su resurrección. Que de esa manera pueda hacerme uno contigo, así como Jesús es uno contigo. ¡Aleluya! En el nombre de Jesús, ¡amén!

AQUÍ ESTÁ UNA ÚLTIMA PARTE de la enseñanza de Jesús acerca de Lucas 11 que llamó mi atención: "Pues si vosotros, siendo malos, sabéis dar buenas dádivas a vuestros hijos, ¿cuánto más vuestro Padre celestial dará el Espíritu Santo a los que se lo pidan?" (v. 13). Ahí estaba el Espíritu Santo. La tercera persona de la Trinidad. Jesucristo, la segunda persona de la Trinidad, estaba diciendo a los discípulos que Dios el Padre no solo escucharía sus oraciones sino que las respondería, y que la respuesta era Dios mismo en la persona del Espíritu Santo.

Hace muchos años tuve una conversación con un conocido pastor "carismático". Me desafió al decir: "Ustedes los evangélicos tienen una Trinidad diferente de la que nosotros tenemos". Perplejo, le pedí que aclarara su comentario. Respondió: "Su Trinidad es

Dios el Padre, Dios el Hijo, y la Biblia". Me llevó algunos segundos procesarlo, pero entonces comprendí lo que estaba diciendo. Muchos de nosotros hemos elegido elevar la Palabra de Dios, tan fundamental como es, sobre Dios el Espíritu Santo, y eso a pesar de lo que el mismo libro nos dice de esta tercera persona de la Trinidad.

EL ESPÍRITU SANTO: NUESTRO RETADOR Y TRANSFORMADOR DE VIDA

Mi querido lector, le insto a que haga una pausa ahora mismo. Ore que el nombre de Dios sea santificado en usted al darle una mayor comprensión del Espíritu Santo. Deje que su perfecto amor eche fuera cualesquiera temores o confusiones que pueda tener respecto a este Consolador, Retador y Transformador. Confíe en lo que el Padre y el Hijo han dicho: Que el Espíritu Santo es un buen regalo y que viene a usted cargado de buenos tesoros para su bien. Haga un tiempo para leer estos versículos y aprender que:

- El Espíritu Santo es nuestro ayudador y maestro (1 Juan 14:16; 26).
- El Espíritu Santo nos revela más acerca de Cristo (Juan 15:26, 27).
- El Espíritu Santo nos da la confianza que necesitamos para llamar a Dios "¡Abba, Padre!" (Gálatas 4:6).
- El Espíritu Santo trae esperanza al darnos sabiduría y entendimiento en todo lo que el Evangelio significa (Efesios 1:17, 18).
- El Espíritu Santo nos regenera (Juan 3:5-8).
- El Espíritu Santo nos transforma (Gálatas 5:22, 23).
- El Espíritu Santo nos equipa para el servicio (1 Corintios 12:4-11).

Pero no podemos olvidar que el Espíritu Santo también puede ser apagado. Inmediatamente después de su exhortación a los Tesalonicenses para orar sin cesar, Pablo les advierte que no apaguen al Espíritu (1 Tesalonicenses 5:19). Los otros siete usos que se hacen en el Nuevo Testamento de la palabra griega traducida como "apagar", todos se refieren a la extinción del fuego. Es seguro que si hemos sido verdaderamente salvos por fe y regenerados por el Espíritu Santo, Él nunca se irá de nosotros. Como me gusta decirle a los hombres y mujeres en prisión, ¡el Espíritu Santo vino a poseer tu casa, no a rentarla!

Sin embargo, es posible para nosotros reprimirlo, ignorándolo hasta hacerlo impotente en nuestra vida. ¿No es interesante que esta advertencia venga inmediatamente después de la exhortación a orar sin cesar? Durante mis días en la cabaña, me di cuenta de lo que me había ocurrido. Había apagado al Espíritu Santo. En mi celo por proclamar, en esta era de relativismo, que existe una cosa llamada verdad absoluta y que podemos hallarla en la Palabra de Dios, perdí de vista al Espíritu Santo. Me deslicé hacia la trampa de confiar en mi poder para fortalecerme a mí y a mi ministerio, en lugar de confiar en el poder del Espíritu Santo. Tan pronto como me arrepentí de ello, el Espíritu Santo me llenó de nuevo con su gloriosa unción y renovó mi esperanza en Cristo. Además de comprender que mis oraciones necesitaban ser alimentadas por la Palabra de Dios, ahora me daba cuenta que necesitaban ser ungidas por el Espíritu Santo. Ciertamente, tal como un aceite lubrica las partes individuales de un motor para que pueda funcionar correctamente, así el Espíritu Santo mantiene todas las partes de mi vida en Cristo (mis oraciones, mis actividades, mi propio ser) funcionando de manera efectiva en todos los cilindros, para que todo lo que haga y diga pueda santificar el nombre del Padre. El "misterio" del Espíritu Santo es lo que hace a muchos norteamericanos estar incómodos. Nos gusta cuantificar, definir, hacer una lista de ítems, y hacer gráficos que expliquen cosas. No podemos hacer eso con el Espíritu Santo.

En sus *Discursos a mis estudiantes*, Spurgeon enseñó la necesidad de la unción del Espíritu Santo. Escribió:

> Todo el mundo sabe lo que es la frescura matinal cuando rebosan perlas orientales sobre cada brizna de hierba; pero ¿quién puede describirla, ni mucho menos hacer que se produzca por sí misma? Tal es el misterio de la unción espiritual. Sabemos, pero no podemos decir a otros lo que es. Es fácil, así como es necio, falsificarla. La unción es algo que no se puede fabricar, y sus falsificaciones son más que inútiles. Con todo, es en sí misma inestimable y necesaria sin medida si busca edificar a los creyentes y traer a los pecadores a Cristo.[6]

La unción espiritual no es solamente para aquellos que están en un "ministerio cristiano de tiempo completo". A cada creyente le ha sido dado el Espíritu Santo (Efesios 1:13). Jesús prometió a sus discípulos que el Padre celestial les daría el Espíritu Santo como un buen don en respuesta a sus oraciones (Lucas 11:13). Además, usted tiene todo el Espíritu Santo que va a necesitar, ¡porque Dios el Padre da el Espíritu Santo sin medida! (Juan 3:34). De modo que, una y otra vez, querido lector, le insto a orar por la santificación del nombre de Dios pidiendo no por más del Espíritu Santo, sino para que el Espíritu Santo haga más en usted. "La verdad es que", escribió E. M. Bounds, "...si no podemos orar por el Espíritu Santo no podemos orar por nada bueno de Dios, porque Él es la suma de todo lo bueno para nosotros".[7] Bounds continúa: "¡Cuán complejas, confusas y enredadas son las instrucciones humanas para obtener el don del Espíritu Santo como el Consolador continuo, nuestro Santificador y el que nos fortalece! Cuán sencilla y directa es la instrucción del Señor: ¡PIDE!"[8]

DE LA ENTRADA AL INTERIOR DE LA PRISIÓN

Siete meses después de mi tiempo en la cabaña, los Horton y yo ministramos juntos por tres días en la *InnerChange Freedom Initiative* [Iniciativa de Libertad Cambio Interior], el programa de reinserción de *Prison Fellowship,* en el *Centro Correccional de Minnesota* de Lino Lakes. Nuestro tiempo concluyó con un poderoso servicio con Santa Cena durante el cual, vimos a muchos hombres arrepentirse y muchas relaciones sanadas. Tom Horton había estado desafiándome para hacer más reuniones de este tipo dentro de la prisión, y esta experiencia despertó en mí un profundo deseo de ver suceder lo mismo en Illinois.

Por veintiún años, nuestro ministerio se había enfocado en reunirnos con internos cristianos a la salida de la prisión y facilitar su reincorporación a la sociedad. Introducir una nueva dirección a nuestro ministerio podría ser riesgoso. Pero recordé lo que el Espíritu Santo me había dicho durante mi experiencia en la cabaña, que viviría para ver un avivamiento en los Estados Unidos y que vendría de las prisiones. Recordé haber escuchado la historia de Bill Bright, fundador de *Campus Crusade for Christ* (*Cruzada Estudiantil para Cristo,* ahora conocida como *Cru*), extendiendo un mapa del mundo en la mesa de su cocina y clamar que el Señor le diera el mundo. Bárbara y yo localizamos una lista de centros correccionales para adultos del *Departamento de Correccionales* de Illinois (IDOC) y comenzamos a orar que si íbamos a pasar más tiempo dentro de las prisiones Dios nos sorprendiera abriendo puertas de oportunidad que claramente llegaran sin que nosotros las "manipuláramos". ¡Lo hizo! Poco tiempo después de estar en Minnesota, recibí una llamada telefónica sorprendente del capellán general de IDOC, Stephen Keim. Era bastante nuevo en el empleo, llenando un puesto que había estado vacante por varios años. Su supervisor de IDOC le sugirió que se reuniera conmigo, así que me llamó para presentarse y propuso que nos encontremos en Wheaton para una reunión.

¿PUEDES APACENTAR MIS OVEJAS?

En el transcurso de pocos días, nos reunimos para almorzar en el mismo restaurante en el que recibí la llamada sobre el accidente de Bárbara. Estábamos intercambiando los cumplidos acostumbrados, cuando repentinamente el Jefe Keim se inclinó sobre su almuerzo y abruptamente dijo: "¡Manny, los cincuenta y tantos mil internos del IDOC se mueren por la verdad! ¿Puedes ayudar a apacentar mis ovejas? Estupefacto, respondí: "Sí". Luego le dije: "¡No sé cómo, pero conozco al QUE sabe cómo hacerlo!". No tenía idea de cómo nuestro pequeño ministerio podía ayudar con esta petición, ¡pero confiaba que mi Padre celestial sí sabía! Para subrayar ese punto, le dije al Jefe Keim que Dios recientemente había cumplido mi deseo de ofrecer educación teológica a los internos del IDOC en el Centro Correccional de Danville al usar a un fiel grupo de hermanos cristianos del noroeste de Indiana (¡dirigidos por un criador de cerdos y un recolector de basura!), para establecer allí el Seminario Bíblico Reformado Divina Esperanza. Si nuestro Dios pudo hacer lo "imposible" una vez, dije al jefe, ¡con seguridad podía hacerlo otra vez! Llevar la verdad del Evangelio a más de cincuenta mil hombres y mujeres era una solicitud digna de un atrevido pedir, buscar y llamar; y yo confiaba en que Dios podía responder al dar, hallar y abrir.

El Jefe Keim también me contó acerca de un programa de horticultura que estaba comenzando en una de las prisiones. Estaba trabajando en obtener semillas y herramientas agrícolas y decidió escribir a algunas iglesias listadas en la guía telefónica con el fin de hallar fondos para este proyecto piloto. Me preguntó si alguna vez había escuchado de la iglesia *Willow Creek*, una de esas que había elegido al azar del directorio telefónico. Me reí y le expliqué que mi querido amigo Tom Horton había formado parte del grupo original que comenzó la iglesia. Tomé mi teléfono celular para llamar a Tom, no sin antes contarle al Jefe Keim la historia de cómo Tom y yo nos conocimos.

En 2006, la esposa de Tom, Wendy, había asistido un domingo a la iglesia de su madre y había escuchado una solicitud de voluntarios para un evento especial llamado "Corazones que regresan". Este evento era organizado por *Awana** *Lifeline* y fue diseñado para permitir que los niños visitaran a sus padres que estaban encarcelados en Angola. (Me siento honrado de que Dios me haya permitido, incluso durante mis años de oración austera, presentarle Angola a *Awana* y desafiarles a considerar un ministerio con los hijos de los reclusos. ¡Pura gracia!). Wendy y su hermana se inscribieron como chaperonas de familia; pero entonces su hermana tuvo que cambiar sus planes. A Tom no le gustaba la idea de que su esposa fuera sola a un penal masculino de máxima seguridad. Pero al ver que Wendy estaba resuelta a ir, decidió que lo único que podía hacer era unírsele. En la soberanía de Dios, los Horton y yo íbamos en el mismo vuelo desde Chicago hacia Baton Rouge, y en la banda de reclamo de equipaje nos dimos cuenta que íbamos hacia el mismo lugar. Ese fin de semana, el Espíritu Santo obró en el

*N. del T. *Awana* es el ministerio orientado a los niños que en América Latina se conoce también como *Oansa*. *Awana Lifetime*, sin embargo, es un programa especial diseñado por *Awana* para la prisión Angola, en Louisiana.

corazón de ambos cultivando en ellos el deseo de involucrarse en el ministerio carcelario, cuando vieron a los reclusos como personas que le importan a Dios, el Padre celestial. Aunque ambos habían sido cristianos ya por algún tiempo, no se habían involucrado en ningún ministerio juntos, ni estaban involucrados en ninguna obra que los estirara espiritualmente. Fue el inicio de un nuevo capítulo en su matrimonio, así como de nuestra amistad.

Llamé a Tom, presentándolo con el Jefe Keim por teléfono, y le pedí su ayuda al averiguar si *Willow Creek* podía proveer las semillas y herramientas necesarias para el proyecto de horticultura. A lo largo de los años siguientes, el Espíritu Santo fue tan misericordioso de tomar esa presentación y esa simple petición y hacer con ella "mucho más abundantemente de lo que pedimos o entendemos" (Efesios 3:20). No solo *Willow Creek* suplió todo lo que se necesitaba para ese proyecto, sino que incrementaron su involucramiento en varios ministerios en cárceles y prisiones. En 2013, por ejemplo, *Willow Creek* se asoció con el IDOC para distribuir paquetes navideños que contenían materiales y tratados del Evangelio a más de veinte mil internos y oficiales de las correccionales. Esto requirió enfrentar todos los típicos desafíos logísticos para tal proyecto, así como todos los asuntos adicionales de seguridad y protección que son parte de la vida en prisión. En 2014 se enviaron más de treinta y dos mil paquetes. Al tiempo que escribo esto, ¡*Willow Creek* se ha propuesto una meta de distribuir paquetes navideños a cada una de las cincuenta y tantas mil "ovejas" del Jefe Keim!

Cuando regresé a casa después de mi almuerzo con el Jefe Keim, comencé a clamar al Señor por la petición del capellán. Como respuesta, el Espíritu Santo trajo a mi memoria los pocos seminarios por extensión que anteriormente habíamos hecho en prisiones en nuestro ministerio. Sabiendo que dos o tres días de enseñanza podían tener un mayor efecto en la población de reclusos de Illinois que unos cortos sermones de visita. Bárbara y yo esbozamos lo que podíamos hacer durante un fin de semana de "asalto": cantar y enseñar la Palabra de Dios, sesiones de preguntas y respuestas, historias y testimonios. Nuestro hijo menor todavía estaba en la escuela intermedia en ese tiempo, así que Bárbara no estaba libre para comprometerse al viaje que requería una redirección del ministerio como tal. De manera que, dado que los Horton ya me habían acompañado en varias ocasiones en visitas de varios días a prisión, parecían los compañeros perfectos para unírseme en esta nueva aventura. ¡Y estuvieron de acuerdo! Incluso, aunque les significaba usar el tiempo de sus vacaciones personales, respondieron con gran emoción.

Presentamos nuestra gran idea para el fin de semana al Jefe Keim y recibimos su aprobación para intentarlo. En diciembre de 2011, los Horton y yo nos dirigimos al *Centro Correccional Robinson* para el primer fin de semana de lo que llegaría a llamarse "*Libertad a la manera de Dios*". Hallamos que lo que había dicho el Jefe Keim era verdad: los internos estaban hambrientos de escuchar la verdad. Desde entonces, hemos podido proclamar el Evangelio y fortalecer a los reclusos creyentes al menos una vez en veintiséis de los veintisiete centros correccionales para adultos en el IDOC. Desde 2012, los Horton y yo hemos pasado en promedio doce fines de semana cada año ministrando a hombres y mujeres en el IDOC a través de "*Libertad a la manera de Dios*".

TIEMPO DE ORAR Y OBEDECER EN EL CENTRO CORRECCIONAL DE STATEVILLE

Mis oraciones de que el nombre de Dios fuera santificado a través del Departamento de Correccionales de Illinois se intensificaron. Nuevamente, no me correspondía a mí trazar el camino en el que se debía hacer. Dios mismo me había mostrado cómo hacerlo. Dios mismo debía elegir aquellos que redimiría, reviviría y restauraría. Mi responsabilidad era orar y luego obedecer cuando Él abriera la puerta. Lo hizo cuando los Horton y yo llegamos al Centro Correccional de Stateville, una de las prisiones de máxima seguridad con peor reputación en Illinois, para un solo día especial de "*Libertad a la manera de Dios*".

Esperando ser escoltados al gimnasio, en donde nos reuníamos regularmente, se nos pidió que nos moviéramos al auditorio. Normalmente, oficiales de la correccional no armados permanecían con nosotros en el recinto. Pero esta vez, vimos detectives con pistolas alrededor nuestro; y luego nos dimos cuenta que había dos oficiales colocados en las torres sobre nosotros y mirando desde arriba el lugar, cada uno portando un rifle automático. Parecía una escena de película. Cuando preguntamos acerca de estos cambios y de la presencia de todas las "armas", nos dijeron que el recinto contenía muchos miembros de pandillas rivales. ¡Sin que supiéramos nada, el capellán había arreglado que los cien principales jefes y líderes de las pandillas asistieran!

La mayoría de los hombres se sentaron con sus brazos tatuados cruzados sobre el pecho como si nos desafiaran a decirles algo que no supieran ya. Muchos tenían lágrimas tatuadas bajo sus ojos, cada gota representando alguien a quien habían matado. Esos eran los internos que causaban los problemas e inquietud dentro de la prisión.

Antes de siquiera comenzar, un líder de pandilla llamado Freddy faltó el respeto a Wendy con sus miradas y su lenguaje. ¡Imagínese el control que Tom tuvo que ejercer! Clamamos silenciosamente a Dios nuestro Padre que nos hiciera sabios y audaces en nuestras respuestas. Él amorosamente respondió al darnos una medida extra del Espíritu Santo, facultando a Wendy y a Tom para hacer su parte al contar historias y testimonios, y ungiéndome para predicar el Evangelio de Jesucristo. Al terminar el día, más de ochenta hombres, incluido Freddy, se levantaron para profesar públicamente su fe en Cristo como Salvador y Señor. Se arrepintieron de sus pecados "bajando sus banderas", significando que declaraban públicamente la renuncia a sus pandillas. Eso era un paso muy valiente. Bajar la bandera podía costarles la vida. Freddy, incluso, se disculpó con Wendy por ser irrespetuoso. Nos regocijamos grandemente en que Dios fuera misericordioso con esos hombres y los acercara a Él.

¿SOLO CONVERSIONES DE CÁRCEL?

Cuando regresamos a casa y compartimos lo que Dios había hecho, muchos se regocijaron con nosotros. Sin embargo, podíamos darnos cuenta que algunos eran escépticos, pensando probablemente que solo habían sido "conversiones de cárcel". Dios nos dio la seguridad de que para un hombre, Freddy, su fe era real. Casi dieciocho meses después de nuestra visita de un día a Stateville, Freddy fue transferido de la prisión a la cárcel del condado Lake para que pudiera asistir a una audiencia relacionada a la reducción de su sentencia. Esto en sí era bastante inusual. Lo que también fue raro era que Wendy, una vez ama de casa típica de los suburbios, y entrenadora personal, se había vuelto capellana voluntaria en la cárcel del condado Lake, además de pasar un fin de semana al mes con su esposo y conmigo en la prisión.

Freddy reconoció a Wendy durante una de sus visitas y gritó: "¡Calcetines de Navidad!" (era el apodo con el que se había burlado de ella en Stateville, pero ahora lo usaba de cariño). Freddy, entonces, le contó que acababa de ir a un estudio bíblico y que andaba con el Señor Jesús desde ese día de redención en Stateville.

Pocos días después, Tom y yo tuvimos el privilegio de unirnos a Wendy para un mini "*Libertad a la manera de Dios*" de un día en la cárcel y estábamos encantados con poder adorar y tener comunión con Freddy, el expandillero que ahora es nuestro hermano en Cristo. Freddy continúa creciendo en su fe a través del estudio de la Palabra de Dios y de testificar a sus excompañeros de pandilla acerca de la redención que está disponible a través de la obra de Cristo Jesús en la cruz. Por la misericordia de Dios, la sentencia de Freddy fue reducida veinte años. Su conducta mejoró tanto que fue transferido de Stateville a una prisión de menor nivel de seguridad. Pronto dejará la prisión como un hombre muy diferente al que entró.

Debido a nuestro creciente involucramiento en las prisiones, Dios abrió la puerta para que los Horton llevaran a varios oficiales del IDOC a Angola para conocer al alcaide Keim y ver la transformación que había ocurrido en la que una vez fue una sangrienta prisión. Dios también puso en el corazón de Tom el deseo de hacer un "*Libertad a la manera de Dios*" en el Centro Correccional de Pontiac, Illinois.

UNA "PETICIÓN DE ORACIÓN IMPOSIBLE Y AUDAZ"

Pontiac alberga más de dos mil hombres. De ellos, casi mil ochocientos están en alguna unidad de aislamiento. Esto significa que están confinados o restringidos más que un recluso típico. Estos hombres se han merecido eso al no comportarse bien cuando estaban con la población general de la prisión. La mayoría fueron transferidos a Pontiac desde otras prisiones dentro del IDOC como la última medida de castigo, ya fuera por un severo mal comportamiento o incluso por nuevos crímenes cometidos mientras estaban encarcelados, tales como un ataque a otro interno o a un oficial. Están confinados a sus celdas por veinticuatro horas al día, siete días a la semana, excepto por una ducha semanal y viajes a la jaula de ejercicio dos veces a la semana. No tienen otros privilegios. Mientras algunos pueden estar limitados a visitas sin contacto, otros no tienen contacto con nadie excepto los oficiales de la prisión.

Solicitar tener un fin de semana de "*Libertad a la manera de Dios*" en Pontiac definitivamente entraba en mi definición de lo que ahora llamo una "petición de oración imposible y audaz". No solamente estábamos pidiendo reunirnos con aquellos que se supone no tengan privilegios, sino que sabíamos que lo que estábamos pidiendo podría presentar desafíos para el alcaide y para su personal de seguridad. Tom hizo su solicitud al alcaide y a su personal a través de una conferencia telefónica para permitirnos tener un fin de semana de "*Libertad a la manera de Dios*" en Pontiac. El alcaide dudó y preguntó a Tom: "¿Comprende que a quienes tenemos aquí son lo peor de lo peor?". De primera instancia, Tom replicó: "Sí, señor"; pero luego se dijo a sí mismo: "¡Bueno!, de esa forma, cuando se 'enmienden', todos sabremos quién lo hizo en realidad". Sabíamos que si Jesús había podido transformar a Saulo de Tarso en el apóstol Pablo, podía transformar a cualquiera. Así que comenzamos a orar, y Dios comenzó a moverse.

De mala gana, el alcaide aceptó permitirnos reunirnos con ocho hombres, ¡y luego gentilmente nos concedió todo el fin de semana!

LIBERTAD A LA MANERA DE DIOS

No estábamos seguros de qué esperar cuando llegara la hora de ir a Pontiac. No obstante, fuimos con confianza en el poder del Espíritu Santo, confiando que Él haría todo lo que las Escrituras prometieron que haría. Los hombres entraron arrastrando los pies, uno a uno, cada cual escoltado por un oficial que mantenía el control a través de una cadena sujeta a la cintura de cada prisionero, tal como uno lleva a un perro por la correa. Sus tobillos estaban engrilletados juntos con cadenas que estaban sujetas a su cintura, limitando seriamente su habilidad para sostener una Biblia o dar vuelta a una página. Una vez sentados en el angosto banco de metal que sobresalía de una fría pared de bloques de hormigón, fueron engrilletados por la cintura a ganchos que había en la pared. Una vez más nos encomendamos a nuestro Padre celestial, pidiéndole que se glorificara al llevar a estos hombres a la fe en Cristo. ¡Nunca antes habíamos tenido tal oportunidad de proclamar la "*Libertad a la manera de Dios*" a hombres que estaban tanto física como espiritualmente cautivos!

Los hombres estuvieron genuinamente atentos e involucrados durante la mañana. Nos preguntábamos, sin embargo, si regresarían después del almuerzo. ¿Querrían pasar un par de horas más sentados con tanta restricción?

Para nuestro deleite, los ocho regresaron para el medio día, y luego también todo el sábado, y también el domingo en la mañana. Para cuando terminó el fin de semana, cada hombre había hecho una profesión de fe en Cristo. Los Horton y yo nos sentíamos honrados de compartir la Cena del Señor con ellos (algo que acabábamos de añadir al fin de semana). Y fuimos conmovidos al observar a estos nuevos hermanos inclinar su cabeza y manipular los elementos de la comunión con gozo hasta su boca.

Al tiempo en que escribo esto, hemos regresado a Pontiac para hacer dos fines de semana más, ¡por solicitud del alcaide cada una de estas veces! Durante los tres fines de semana, ministramos a veinticinco hombres. Además, el alcaide nos concedió permisos para que un equipo de voluntarios, dirigidos por los Horton, hicieran visitas celda por celda en las unidades de aislamiento una vez por mes. Por último, nos enteramos que a cada uno de los ocho hombres que asistieron ese primer fin de semana se les ha permitido regresar a sus prisiones originales debido al mejoramiento en su conducta. Aunque siguen cautivos físicamente, esos hombres ahora viven libres en Cristo.

Estos eventos ilustran cómo se ve la unción del Espíritu en la vida del creyente. Es lo que yo llamo ciento por ciento soberanía de Dios y ciento por ciento responsabilidad del hombre. Como dijo el gran predicador, Charles Spurgeon, no es fácil definir y es difícil de describir, pero uno sabe cuando la ve. En la total soberanía de Dios, hizo que yo conociera a los Horton. En su absoluta soberanía, hizo que el Jefe Keim me llamara. Pero yo era responsable de santificar el santo nombre de Dios. Yo era responsable de ser obediente a su mandato de orar (ver Lucas 18:1-14). Es como una danza divina. Cuando el hombre ora en el poder del Espíritu Santo, Dios se mueve.

7

EL AMOR DE LA ORACIÓN RADICAL

¡Padre, tú eres el Dios de lo imposible! Puedes hacerlo todo. Sorpréndeme, Padre mío. Oro a ti con pasión radical e incansable para que me concedas el valor y el celo de Moisés para defender tu gloria. Derrama sobre mí su misma fe abundante para interceder en oración por la redención de mis prójimos. Dame la perseverancia de Moisés para nunca rendirme, y su capacidad para sufrir con gozo por la santificación de tu santo nombre. En el nombre de Jesús, ¡amén!

A MEDIDA QUE DIOS EL PADRE da más del Espíritu Santo como respuesta a nuestra oración apasionada y persistente, debemos tener un creciente amor por Él y por nuestro prójimo. ¿Y quién es mi prójimo? ¡Cualquiera que Dios en su soberanía ponga en mi camino!

El amor creciente provoca un gran gozo y deseo de servir tanto a Dios como al hombre. Validamos nuestro amor por Dios el Padre al amar a nuestro prójimo, a pesar de quien sea, de donde venga o lo que haya hecho. Como lo dijo el apóstol Pablo, somos deudores de gracia "A griegos y a no griegos, a sabios y a no sabios" (Romanos 1:14). Uno de mis personajes bíblicos favoritos es Moisés.

Toda su vida es un cuadro de la tensión positiva entre la absoluta soberanía de Dios y la responsabilidad humana, una tensión que se desarrolla repetidamente en su incansable amor por el pueblo de Israel. Separado de su familia biológica (que descendía de Jacob, también conocido como Israel) como resultado de una malvada orden del faraón de Egipto, Moisés fue luego adoptado en esa misma familia real del faraón y se convirtió en un hombre "era poderoso en sus palabras y obras" (Hechos 7:22). Esa es la soberanía de Dios. Cerca de los cuarenta años, él fue testigo de que uno de los israelitas estaba siendo golpeado por un egipcio y reaccionó matando al delincuente. Esa es la responsabilidad humana. Faraón trata de castigar a Moisés por esto, pero no puede porque ya ha escapado del país. (Se vuelve fugitivo, como yo una vez lo fui). Se casa, tiene hijos y establece una vida de pastoreo para su suegro.

UNA CARRERA DE INTERCESIÓN POR SU PUEBLO

Luego, en respuesta a las apasionadas y persistentes oraciones de los hijos de Israel (responsabilidad humana), quienes habían sido esclavizados en Egipto por cuatrocientos años, Dios desciende para liberarlos y dice a Moisés que va a enviarle de regreso a Faraón para que pueda guiar al pueblo fuera de Egipto (soberanía divina). Así que Moisés comienza su carrera de intercesión por el pueblo de Israel: primero con Faraón y luego, por los siguientes cuarenta años, con Dios.

Con despliegues de su asombroso poder, Dios poderosamente libera al pueblo; y Moisés dirige la mayor y más exitosa fuga de la historia. ¡Un escape perfectamente ejecutado! Y a pesar de todo, solo unos cuantos días después de la milagrosa liberación, los "fugitivos" comienzan a quejarse y a disputar con Moisés, un patrón que nunca parece cambiar. Sí, era un grupo difícil de "prójimos" el que Dios le envió a Moisés. Trabajar con esas personas podría ser consumidor, desalentador y muy desagradable. De hecho, cuando Moisés da su discurso de despedida al pueblo, haciendo un recuento de todo lo que han pasado juntos, les dice: "Rebeldes habéis sido a Jehová desde el día que yo os conozco" (Deuteronomio 9:24).

¿Qué fue lo que capacitó a Moisés para soportar a tal pueblo por tanto tiempo? ¿Qué le permitió seguir perseverando a pesar de su rudeza, quejas y de su rotunda desobediencia? Fue su conocimiento personal de Dios. Cuarenta años después de huir de Egipto, Moisés había encontrado a Dios en esa zarza ardiente (ver Éxodo 3 y 4). Fue un encuentro intenso y personal. Y cuando finalizó, Moisés supo más allá de toda duda quién era el que le había hecho dirigente y juez sobre su pueblo. Fue el eterno, soberano y autosuficiente Dios, quien tenía un propósito especial para la vida de Moisés. El Dios como ningún otro dios, cuyo nombre era "YO SOY EL QUE SOY" (Éxodo 3:14). ¡Qué ejemplo de la gran misericordia y gracia de Dios! El gran YO SOY eligió revelarse a sí mismo a un hombre que había tratado de servirle y en lugar de ello terminó matando a alguien. Al que había huido, Dios le dio un nuevo comienzo en la forma de una asignación que alteraría la historia. ¡Qué esperanza es esto para nosotros, querido lector! Si Dios puede trabajar con Moisés, ¿entonces por qué no con usted? ¿Por qué no conmigo?

HACER CONOCIDO AL GRAN YO SOY

Moisés ahora comprendía que su misión principal no era dirigir a la gente fuera de Egipto por el único propósito de obtener su liberación, ¡sino para hacer a Dios —el gran YO SOY— conocido entre su pueblo a través de sus poderosos hechos que alteran la tierra! "Este es mi nombre para siempre; con él se me recordará por todos los siglos" (Éxodo 3:15). Este es el nombre que usted y yo debemos santificar sobre ningún otro.

La intimidad de Moisés con Dios y su motivación para que el nombre de Dios fuera glorificado lo capacitaron para perseverar a través de las dificultades y pruebas, la falta de respeto y la desobediencia que confrontaría una y otra vez por los siguientes cuarenta años. Su intimidad con Dios lo capacitó para interceder por otros con oraciones audaces y poderosas. Sus oraciones radicales dieron como resultado un amor radical.

Éxodo 32 al 34 registra uno de los momentos más oscuros en la historia de Israel; sin embargo, también dan cuenta de uno de los más grandes momentos de intercesión radical (oración radical y amor radical) de un hombre hacia otro.

El pueblo había sido gloriosamente liberado de Egipto por Dios. Él les había provisto maná para comer y agua para beber en el desierto. Les había instruido sobre cómo adorarlo y encontrarse con Él, y les había enseñado cómo vivir unos con otros. Lo hizo todo a través de Moisés, quien generalmente iba solo a encontrarse con Dios ya fuera porque Él lo llamaba o porque el pueblo le pedía a Moisés que hiciera a Dios alguna petición de parte de ellos. En esta ocasión, Moisés había llamado a Dios para que se encontrara con Él, un llamado que fue atestiguado por al menos setenta personas (Éxodo 24:9). Pero esta vez, Moisés se va por cuarenta días y cuarenta noches. La gente piensa que algo le ha sucedido y que probablemente no regresará. Así que le piden a Aarón, el propio hermano de Moisés y una de las setenta y tantas personas que habían atestiguado el llamado: "Haznos dioses que vayan delante de nosotros" (Éxodo 32.1). Sorprendentemente, Aarón dirige a la gente en cometer alta traición contra el gran YO SOY al construirles un becerro de oro, una estatua que ellos mismos pudieron hacer. ¡Una estatua que ni siquiera tenía nombre!

¡TRAICIÓN!

Como parte de este acto traicionero, el pueblo voluntariamente malversó los fondos de Dios. El mismo oro que Dios les dijo que saquearan de los egipcios ahora tenía forma de un animal y se había vuelto el objeto de su adoración. Danzando frente a este ídolo de oro, los israelitas declararon uno al otro: "Estos son tus dioses, que te sacaron de la tierra de Egipto" (v. 4). Al volver sus rostros hacia el becerro, habían vuelto la espalda a Dios. En vez de santificar el nombre de *Yahveh,* le dieron gloria a un dios cuyo nombre ni siquiera conocían.

Moisés no estaba al tanto de lo que estaba ocurriendo en su ausencia. Pero Dios sí, y le dice a Moisés lo que la gente ha hecho y que está tan enojado que quiere barrer con toda la nación y comenzar nuevamente con Moisés. Pero en lugar de tomar la oferta de Dios, Moisés hace cuatro cosas sorprendentes.

LA AUDAZ INTERCESIÓN DE MOISÉS

Primero, Moisés entabla directamente una conversación con el Dios airado. En la mayoría de las clases de manejo de ira, usualmente se aconseja no dirigirte a una persona mientras esté enojada. Se nos ha dicho que les demos espacio, que les dejemos calmarse. Pero Moisés se acerca a Dios, ¡incluso después de que Dios le ha pedido a Moisés que lo deje solo para que pueda dirigir su ira hacia los israelitas!

Segundo, en su conversación, Moisés recuerda a Dios lo que Él ha hecho y lo que ha dicho en la historia de Israel. Le recuerda que Él es quien los sacó de Egipto. Él es quien prometió a Abraham, Isaac y Jacob que sus descendientes serían innumerables y que heredarían una tierra para siempre. Y Él es aquel cuya reputación sería causa de burla entre los egipcios si destruía a su pueblo.

Tercero, Moisés hace una solicitud grande, radical y audaz: "Vuélvete del ardor de tu ira, y arrepiéntete de este mal contra tu pueblo" (v. 12). Moisés intercede por el pueblo haciendo una solicitud muy específica que sería para bien del pueblo, pero su principal motivación fue la gloria de Dios. No podemos perder de vista el hecho de que Moisés había pasado cuarenta días y noches solo con Dios. ¡Esa fue una pausa verdaderamente radical! El resultado de ese tiempo fue una intimidad profunda con Dios que llevó a una intercesión audaz por otros.

Moisés oró, y Dios cedió al no aniquilar al pueblo como originalmente era su intención. Sin embargo, no podía pasar por alto el pecado, y ese gran pecado no podía quedar sin castigo. Oh, amado lector, ¿comprende totalmente que *Yahveh* no disimula nuestro pecado? No lo barre debajo de la alfombra, no lo ignora ni lo llama error. Y siempre requiere un pago. La sangre de tres mil hombres fluyó (v. 28) como consecuencia de este grave pecado.

Tras ver de primera mano su asquerosa idolatría, Moisés hace una cuarta cosa inaudita. Le dice a la gente que va a ir delante del Señor para ver si Él puede expiar el pecado. ¡Qué bella ilustración de lo que Jesús hizo por nosotros! La persona que era inocente fue ofrecida para hacer expiación por el culpable. Mientras que Moisés había sido audaz antes al pedirle a Dios que no matara el pueblo, fue incluso más audaz esta vez al pedir a Dios que los perdonara. La parte verdaderamente inaudita de su oración es que termina con la petición de que, si Dios no perdonaba su pecado, entonces quería que Dios removiera su nombre del su libro de los justos (v. 32).

¡A menos que crea que esto es solo una escena exagerada del Antiguo Testamento, vea la declaración similar del apóstol Pablo en Romanos 9:1-5! Después de escribir una descripción maestra de la gloriosa gracia de Dios y de la salvación que se encuentra solo en Cristo, Pablo tuvo una íntima relación con Dios que resultó en un sobreabundante amor por otros. Como Moisés, clama: "Porque deseara yo mismo ser anatema, separado de Cristo, por amor a mis hermanos, los que son mis parientes según la carne" (Romanos 9:3).

La respuesta de Dios a la segunda oración de Moisés no es tan clara como lo fue a la primera. Aquí la petición específica de Moisés fue que Dios perdonara al pueblo su pecado. Dios responde que quienquiera que haya pecado será borrado de su libro. Pospone su castigo para un tiempo futuro; pero reitera que el pecado será castigado. En esto vemos que mientras Moisés es un tipo de salvador, no podría nunca ser el salvador. Aunque Moisés era inocente de este pecado en particular, era, sin embargo, pecador. No había forma en que pudiera hacer expiación por los pecados del pueblo. Se necesitaba uno que es mayor que Moisés, y ese uno es Cristo Jesús, el unigénito Hijo de Dios.

¿Cuál debe ser nuestra respuesta cuando Dios no responde a nuestras oraciones en la manera en que esperábamos? Sumisión. La sumisión solo es posible en relaciones en las que hay confianza. La confianza solo es posible en relaciones donde hay una constante intimidad. Moisés tenía una constante intimidad con Dios, por lo tanto, podía confiar en Él. Porque confiaba en Dios, podía someterse a Él.

Dios entonces dijo a Moisés que era hora de que moviera al pueblo hacia la tierra prometida. En un acto de gran gracia, Dios promete expulsar a todas las naciones que estuvieran en su camino. Incluso, le dijo a Moisés que no iría con ellos, no fuera a ser que su ira destruyera al pueblo (Éxodo 33:2, 3).

No es muy claro qué tanto esperó Moisés antes de regresar a Dios con otra petición. Pero sabemos que regresó. Y una vez más, alimentó su oración con las propias palabras de Dios.

Moisés recordó a Dios que Él mismo le había dicho que había hallado gracia ante sus ojos; y Dios conoce a Moisés por nombre (vv. 16, 17). En otras palabras, Moisés le recuerda de su íntima relación. También le recuerda a Dios que el resto de la gente era su pueblo también (vv. 12, 13). Una vez más, Moisés es audaz y radical. Le dice a Dios que si Él no va con ellos, él tampoco se quiere mover. Apelando a la reputación de Dios, incluso más allá del pueblo de Israel, Moisés pregunta: ¿Cómo más las naciones sabrán que te pertenecemos si no vas con nosotros?" (v. 16, parafraseado).

Debido al gran pecado de idolatría, Moisés hizo tres solicitudes audaces y radicales al Señor: ¡No nos destruyas! ¡Perdónanos! ¡Ve con nosotros! Su intercesión a favor del pueblo hizo surgir peticiones concernientes desde su bienestar físico hasta su bienestar espiritual. ¿Qué tan bueno sería para los hijos de Israel tener una tierra que fluyera leche y miel, tener comodidad y seguridad, si no tenían a Dios mismo?

Dios respondió favorablemente la petición de Moisés. Éxodo 33:17 dice: "Y Jehová dijo a Moisés: También haré esto que has dicho, por cuanto has hallado gracia en mis ojos, y te he conocido por tu nombre". Verdaderamente, Dios fue misericordioso. Le dio otro conjunto de tablas conteniendo la Ley para reemplazar las que se habían roto. Cuando el tabernáculo fue completado, tal como Él lo había ordenado, su gloria llenó la tienda con tanta intensidad que Moisés no pudo entrar. La presencia de Dios estaba con su pueblo, y Él los acompañaría a la tierra prometida. El último versículo de Éxodo nos dice: "Porque la nube de Jehová estaba de día sobre el tabernáculo, y el fuego estaba de noche sobre él, a vista de toda la casa de Israel, en todas sus jornadas".

Moisés oró, y Dios se movió.

Amigo mío, humildemente le pregunto: ¿Tiene usted una intimidad tal con Dios que lo lleva a una amorosa pasión por otros? La primera carta de Juan 4:8 dice: "El que no ama, no ha conocido a Dios; porque Dios es amor". Esta es una manera en la que podemos hacer un inventario práctico de nuestro progreso como creyentes. ¿Estoy creciendo en mi amor por otros? Si no, entonces probablemente no estoy creciendo en mi amor por Dios.

Le ruego que tome una pausa radical y luche con Dios nuestro Padre. Pídale que abra los ojos de su corazón para verlo a Él, para crecer en su conocimiento y en su intimidad con el Padre, el Hijo y el Espíritu Santo. Pídale que se le revele a sí mismo, de modo que pueda validar su amor por Él al amar a su prójimo. Si lo hace así, puedo asegurarle que su gozo será incontenible, indescriptible y lleno de gloria (1 Pedro 1:8).

Ore radicalmente para amar radicalmente.

8

LA ORACIÓN RADICAL EN ACCIÓN

Mi Padre Dios, por favor, concédeme una nueva unción sin precedente de tu Espíritu, para que puede proclamar continuamente y con claridad la verdad liberadora de Jesucristo y el poder de su amor. Que pueda ver un "avivamiento bíblico" estallar dentro de las prisiones por todos los Estados Unidos, para el crecimiento de la iglesia de Jesucristo y por la santificación de tu santo nombre. ¡Aleluya! En el nombre de Jesús, amén.

LO QUE RESULTÓ SER CIERTO en la vida de Moisés, fue cierto en la mía. Es decir, crecí en mi intimidad con el Señor; crecí en mi amor por otros. Mi oración fue que Dios me diera un corazón para Él y para otros. Un corazón como el de Moisés y como el del apóstol Pablo. Como mencioné antes, durante los primeros veintiún años de nuestro ministerio estábamos enfocados casi exclusivamente en una visión posprisión, ayudando a internos cristianos en la transición de la prisión a la sociedad. Luego, al final de 2011, el Señor abrió las puertas para más trabajo en el interior de la prisión a través de nuestros fines de semana de *"Libertad a la Manera de Dios"*. Hubiera sido fácil hacer un cambio de enfocarnos exclusivamente en un ministerio posprisión a uno al interior de la prisión. De verdad hay hambre y sed genuinas por la verdad entre los reclusos de Estados Unidos; un hambre que solo el Señor Jesús puede satisfacer. También es cierto que su Iglesia ha sido diseñada como el único vehículo para satisfacer esa necesidad. Las prisiones de los Estados Unidos son, como Jesús dice en Juan 4:35, un campo "blanco para la siega".

Pero también habían peligros sutiles que podían llevarnos, equivocadamente, a hacer este cambio en el ministerio. Hay un cierto "glamur" en ir al interior de las prisiones, especialmente aquellos con una reputación notoria. Es tentador enviar reportes a donadores afirmando que hemos predicado a tantos cientos de internos, conducido "equis" número de servicios en "ye" número de prisiones, y que vimos "zeta" número de hombres y mujeres hacer decisiones por Cristo.

El ministerio posprisión, no obstante, es mucho menos glamoroso. Para ser efectivo a largo plazo, tal ministerio necesito hacerse con un menor número de personas a la vez. Requiere un trabajo duro el andar al lado de alguien mientras crece en el Señor cuando enfrenta los desafíos de encontrar un lugar donde vivir, asegurarse un empleo y transporte, y establecer relaciones saludables con amigos y familia. Puede ser muy similar a la experiencia de Moisés con los hijos de Israel. Puede ser desagradable y arriesgado.

Bárbara y yo, junto con los miembros de nuestra junta, comenzamos a orar y a esperar en el Señor para ver qué haría Él, qué puertas abriría o cerraría. La junta tomó la dura decisión de suspender la operación sobre el aspecto de la residencia de nuestro ministerio, mientras tomábamos tiempo para revisar la mejor forma de ayudar a alguien al momento de su salida de prisión. Dado que ya no realizaríamos discipulados en un ambiente de familia, aún trabajaríamos con las iglesias locales a través de la iniciativa *Meet Me at the Gate*™ [Nos encontramos en la salida] y una noche de estudio bíblico los jueves. (Bárbara describió este grupo de estudio bíblico como "cinco tipos y una caja de pizza". Tom Horton asumió la responsabilidad de este estudio y fielmente dirigió al grupo cada semana).

¡DIOS, SORPRÉNDENOS!

A principios de 2012, Bárbara y yo comenzamos a pedir a Dios que nos mostrara qué quería hacer los jueves por la noche. Yo oraba literalmente: "¡Dios, sorpréndenos! ¡Muéstranos algo que solo tú puedes hacer!". Él envió algunos pocos hombres más. Al mismo tiempo, una mujer que recientemente había salido libre con la que habíamos interactuado en un fin de semana de "*Libertad a la Manera de Dios*" preguntó si también podía asistir al estudio. Al principio dudamos porque por años solo había sido para hombres. Pero pronto estuvimos de acuerdo, impulsados por el hecho de que ella sería llevada al estudio por otra mujer, ¡dándonos así dos nuevos miembros! Para entonces, Bárbara estaba asistiendo, preparando una comida casera ocasional como variante a la acostumbrada pizza.

Unas pocas semanas después, se pusieron en contacto con nosotros dos esposas cuyos maridos estaban encarcelados. Ellos habían asistido a un fin de semana de "*Libertad a la Manera de Dios*", les dijeron acerca de nuestro ministerio y les sugirieron que se comunicaran con nosotros. Al poco tiempo, tuvimos cuatro personas más asistiendo a las noches del jueves, las dos esposas asistiendo en persona, y sus esposos asistiendo vía teléfono celular, escuchando el estudio desde la prisión. En seguida, una mujer comenzó a asistir en persona y con su hermano llamando desde la prisión, seguidos de dos que habían sido arrestados por supuestas actividades ilegales llevadas a cabo mientras desempeñaban su trabajo de policías encubiertos. Dado que eran coacusados y no tenían permitido el contacto uno con el otro, debían tomar turnos para asistir en persona. (Este fue un detalle en el que nunca habíamos tenido que pensar antes, ¡asegurarnos que dos personas no se aparecieran la misma noche!). Bárbara y yo comenzamos a compartir la responsabilidad de la enseñanza. Añadimos momentos de cantos y testimonios a la noche. Una pareja de misioneros jubilados que ahora vivía en la *Casa Koinonia* como cuidadores temporales, junto con nuestro consultor de redes sociales y su esposa, nos ayudaba a preparar y servir la cena cada semana. Una mujer que se había puesto en contacto con nosotros en busca de ayuda para su ministerio posprisión en Maine, comenzó a asistir vía telefónica, así como lo hizo un joven de Colorado que había estado en una cárcel del condado durante dieciséis meses.

LA CONSTANTE: ORACIÓN

Cada semana parecía que había alguien diferente. Pero había una constante: la oración. Durante toda la reunión, a diferentes horas y en diferente formatos, había oración. Orábamos que Dios proveyera casa, empleo, transporte y sanidad de las relaciones rotas. Pedíamos que Dios circuncidase nuestros corazones, que arrancara aquellos pecados que estaban estorbándonos al experimentar la plenitud de vida que Jesús ofrece. Mientras orábamos, experimentábamos el gran rango de emociones que vienen cuando nos regocijamos "con los que se gozan" y lloramos "con los que lloran". (Romanos 12:15). En un momento estábamos brincando de gozo con alabanza a Dios por la victoria que había dado en la vida de alguien; al siguiente, estábamos llorando con alguien que estaba atravesando un profundo dolor de heridas causadas por su pecado o el de alguien más. Nosotros orábamos, y Dios se movía.

UNA PAUSA RADICAL

La asistencia a las noches del jueves había crecido al punto que ya no cabíamos en la *Casa Koinonia*. Necesitábamos encontrar una nueva ubicación, y un nuevo nombre. *Pausa Radical* (RTO, por sus siglas en inglés) fue un nombre que habíamos usado por un poco de tiempo varios años antes cuando intentamos iniciar un ministerio similar. Ahora parecía la descripción perfecta de lo que estaba pasando. Éramos "radicales", regresando a la raíz de la Palabra de Dios. Estábamos haciendo una "pausa" de nuestros horarios habituales para aprender más de Dios mismo y de cómo podíamos santificar su nombre santo juntos. Como me gusta decir, estábamos haciendo una pausa para consultar el manual de estrategia y escuchar al entrenador para que pudiéramos ejecutar las jugadas que quería que hiciéramos.

Cuando trasladamos la reunión a una iglesia local, nuestra asistencia siguió creciendo. Esto trajo un nuevo desafío: ¿cómo proveer exactamente una cena saludable cada semana? Oramos y Dios se movió al enviarnos a Dominick y a Mary, una pareja cuya hija estaba en prisión. En la soberanía de Dios, Bárbara había hablado con ellos la noche en que asistieron por primera vez a la RTO y descubrió que Dominick era un chef semiretirado.

En el lapso de dos semanas, nuestro nuevo "chef" y su maravillosa esposa habían comenzado su ministerio de preparar la cena para nuestra familia de la RTO, que ahora incluía a más esposas de internos, padres de hijos en prisión, gente que enfrentaba posibles cargos criminales, aquellos que estaban en espera de juicio, sentencia o que estaban en libertad condicional, y para aquellos que estaban regresando a la sociedad después de más de veinte años de prisión. Además, se nos unieron voluntarios de ministerio carcelario y aquellos que simplemente estaban buscando experimentar la gracia radical de Dios.

Hoy, *Pausa Radical* continúa creciendo, y es un lugar en el que el Evangelio sigue trascendiendo poderosamente a color, clase, cultura y crimen.

Bill y su esposa, Terry, se mudaron a Illinois y estaban en la primera etapa de hallar una iglesia y establecer nuevas amistades cristianas cuando a Bill le presentaron nuestro ministerio. Comenzó a asistir a *Pausa Radical.* También comenzó a asistir al grupo de hombres de oración que se reunía los miércoles a medio día en la *Casa Koinonia,* un grupo que surgió de la RTO. Estos hombres se reunían específicamente para orar por sus hijos.

Casi al mismo tiempo, Bill y Terry estaban visitando a su familia y se percataron que su sobrino Erik estaba en un espiral hacia la autodestrucción. Casi al terminar la escuela intermedia, Erik comenzó a juntarse con gente que usaba marihuana, y no pasó mucho tiempo que él también comenzó a usarla. El poder del pecado incrementó su esclavitud sobre Erik. Mientras estaba lejos de casa en un viaje, el padre de Erik murió repentinamente de un ataque al corazón. Erik estaba devastado. El recuerdo de una de las últimas conversaciones que había sostenido con su padre era particularmente inquietante. Tan solo tres días antes de su muerte, su padre le había dicho con lágrimas: "Entrega tu corazón al Señor".

ORACIONES RADICALES POR ERIK

Pero Erik no se volvió a Dios. Cayó más profundo en un estilo de vida de venta de drogas y de relaciones dañinas. Se fue de casa. Se involucró en actividades ilegales y pronto se encontró en la cárcel del condado durante seis semanas durante la temporada navideña. Las cosas no cambiaron. Erik sufría de ansiedad, soledad y la falta de una imagen paterna y buenos amigos. "Siempre estaba alerta vigilando", recordaría después.

Por supuesto, Bill y Terry habían estado orando por Erik como tíos preocupados. Después de su visita familiar, sus oraciones se intensificaron. Pidieron a sus grupos pequeños de la iglesia y a los padres de la *Casa Koinonia* que se unieran a clamar para que el Señor redimiera a su sobrino. Al orar radicalmente, comenzaron a amar radicalmente. Arreglaron que Erik se mudara con su hijo, que estaba en un ministerio universitario cerca de Detroit.

Pero pronto, Erik regresó a sus viejos caminos. Incluso tuvo un accidente automovilístico en el auto de su primo que había tomado prestado sin permiso.

Bill y Terry continuaban orando por la salvación de Erik y siguieron amando. Esta vez hicieron arreglos para que viviera con ellos. Le animaron a asistir a la iglesia y a la *Pausa Radical* con ellos, orando también que desarrollara amistades positivas. Una noche, Erik le dijo a Bill y a Terry que iba a ir a una fiesta con una chica que había conocido a través de las redes sociales. Cuando la chica llegó a su casa para recogerlo, conoció a sus tíos. Les dijo que era una estudiante en una universidad cristiana del área. Sospecharon algo; pero de mala gana dejaron que Erik se fuera con ella.

En un momento que ejemplifica la danza divina de oración entre la soberanía de Dios y la responsabilidad humana, el Espíritu Santo movió a Bill a orar por la seguridad de Erik. Este es uno de los misterios de la oración y una tensión que los creyentes necesitan aceptar. Dios sabía que Erik estaba en peligro y tenía el poder de librarlo de esa situación. ¿Entonces, por qué Bill tenía que orar? Bill necesitaba orar para que Bill pudiera saber que a Dios le importa y está involucrado en los detalles de su vida.

En obediencia a la instrucción del Espíritu Santo, Bill oró, y Dios se movió. Durante el momento de oración, Erik llamó a su tío desde la fiesta, y Bill hizo una pregunta específica para la que Erik no tuvo respuesta. "¿Realmente es la chica una estudiante universitaria?". Esta vez, el Espíritu Santo no permitió a Erik mentir. Bill dijo: "Ven a casa, Erik", lo que él hizo, sintiéndose culpable y derrotado.

La tarde siguiente, Erik asistió a la RTO por sí mismo. Bárbara estaba enseñando acerca del perdón y usó un video para concluir su mensaje que mostraba la historia de la libertad de la amargura que experimentó una madre cristiana respecto de un joven conductor ebrio que había matado a su hija adolescente. Dios usó a la madre para llevar al joven a encontrar la libertad en Cristo y el perdón de sus pecados. El nombre del joven era Eric.

GRACIA EXTENDIDA

Erik observó, escuchó su nombre en el video, y entendió. "Fue un mensaje justo para mí. Me quebranté sobre mi mesa", contaría después Erik. "Esta era la gracia de Dios que se nos extiende a mí y a cualquiera". Unas pocas mujeres de su mesa en el RTO oraron con Erik. Se arrepintió de su pecado y confesó fe en Cristo Jesús como su Señor y Salvador. Alguien pidió a Erik que compartiera con todo el grupo lo que acababa de suceder. Llorando, les dijo que acababa de seguir el consejo que tres años antes su padre le había dado.

Mientras este libro va a imprenta, ha pasado casi un año desde la conversión de Erik. Al principio estaba frustrado por sus infructuosos intentos de hallar empleo, pero el Señor más tarde proveyó un trabajo para Erik que ha sido perfecto para él: enseñar fútbol a los más jóvenes. Fue aceptado en un colegio universitario comunitario y se le ofreció apoyo financiero. Ahora se rodea de amigos que también son creyentes, de la iglesia y de la RTO. Siguen orando radicalmente por Erik y con él.

Dado que él mismo experimento la gracia, Erik dice que ahora le es más fácil extender la gracia a otros. Tiene paz con su vida y ya no está en vigilancia constante. Pero las oraciones radicales por él continúan, ahora unidas con sus propias oraciones. Su tío Bill aún ora por él. Escribe: "Hoy mis oraciones son para que Dios obre a través de Erick en maneras extraordinarias que solo puedo imaginarme, pero que Dios ya conoce. ¿Fortalecerá Dios a Erik para compartir su testimonio con otros? ¿Comenzará a enseñar o a aconsejar aquellos que están luchando o están quebrantados? ¿Guiará a alguien a Cristo? ¿Será Erik alguna vez un padre amoroso, alentador y perdonador, mostrando con el ejemplo su fe a sus propios hijos? ¡Esas son oraciones radicales y de expectativa de todos los que le rodean! ¡Podemos orar, agradeciendo a Dios por adelantado, por todo lo que hará en la vida de Erik en los años por venir!"

A través del ministerio de *Pausa Radical* ahora hemos construido puentes y restaurado la esperanza al enseñar la Palabra de Dios, poniéndonos en contacto con individuos de iglesias locales y, sobre todo, santificando el santo nombre de Dios a través de la oración bíblica y radical.

9

REDENCIÓN RADICAL

Escucha mi profundo clamor, mi Señor, mientras honro y acudo solo a tu amoroso y santo nombre, así como Jesús y el Espíritu Santo interceden ante tu santo trono por mí. Amo tu verdad. Deseo tu shalom —tu pacífica presencia— más que el agua que bebo y el aire que respiro. Te ruego, concédeme el deseo radical de experimentar tu gloria de tal manera que pueda alabarte y adorarte más. Soy solo tuyo. Lléname con tu gloria para que pueda reflejarla para que todos la vean. En el nombre de Jesús, amén.

DE MI ESTUDIO de las enseñanzas de Jesús a los discípulos (Lucas 11) aprendí que la santificación enfática, u honra, del santo nombre de Dios, debería ser el supremo enfoque de mis oraciones. De mi estudio de Moisés, aprendí cómo la intimidad en la comunión con Dios el Padre puede producir confianza al orar por otros, incluyendo las personas difíciles, obstinadas y rebeldes. Aprendí a hacer oraciones precisas y específicas a través del estudio de un predicador británico. George Whitefield se convirtió en un verdadero seguidor de Cristo cuando tenía veinte años. Tras su conversión, escribió que había hallado un nuevo deleite en la lectura de la Biblia y gran gozo en la oración, que resultó en una "multitud de paz". Arnold A. Dallimore, en su biografía de Whitefield, escribió: "No solamente pasaba de las cuatro a las cinco de la mañana en comunión con Dios, sino que vivía en un espíritu de oración a lo largo del día, y la oración probó ser su 'aire nativo'".[9]

En 1737, a la edad de veintitrés, Whitefield aceptó la invitación de John Wesley para que se le uniera en sus esfuerzos misioneros en la colonia americana de Georgia, que había sido establecida recientemente con la finalidad de dar un lugar para vivir a la gente que era liberada de las prisiones de deudores de Inglaterra. Sentí una conexión inmediata con este predicador del siglo XVIII. Como Whitefield, viví en Georgia la primera vez que llegué a los Estados Unidos, y ambos estábamos involucrados en ministrar a aquellos que eran liberados de prisión.

CUATRO CUALIDADES PARA UN MINISTERIO EFECTIVO

Mientras dejaba las comodidades de Londres y emprendía un peligroso cruce del Atlántico, Whitefield oró: "Dios, dame una profunda humildad, un fervor bien dirigido, un amor ardiente y una visión unificada".[10] En la oración radical de Whitefield hallo las cualidades necesarias para el servicio efectivo a Cristo. Las cuatro peticiones de Whitefield proveen una sinopsis de la esencia del ministerio terrenal de Jesús.

1. Jesús exhibió profunda humildad al reconocer (especialmente en su oración sumo sacerdotal de Juan 17) que, aunque era uno con el Padre mismo, era el enviado, y su misión era llevar a cabo las instrucciones del Padre.

2. Jesús demostró que su pasión (fervor) estaba bien dirigido al controlar apropiadamente sus emociones humanas.

Demostró ira cuando estaba justificada (por ejemplo, cuando limpió el templo de su Padre); pero ejercitó un gran autocontrol en sus tentaciones en el desierto y soportó las humillaciones de su juicio y crucifixión.

3. Jesús demostró su ardiente amor tanto por su Padre celestial como por aquellos que el Padre le había dado para que les asegurara una vida eterna futura con Él.

4. Jesús comprendió que su "visión unificada", su gran propósito mientras estuviera en la tierra, era la gloria de su Padre (Juan 17:1). Supo que para vindicar el santo nombre de Dios el Padre, necesitaría sufrir las grandes agonías de la cruz e incluso la misma muerte.

A esta oración precisa pidiendo una profunda humildad, un bien dirigido fervor, un amor ardiente y una visión unificada, Whitefield le añadió una declaración final: "Y entonces permite que hombres o demonios hagan lo que quieran".[11] Whitefield confiaba completamente que cuando Dios el Padre le concediera sus cuatro peticiones, podría enfrentar cualquier batalla, cualquier dificultad, cualquier adversidad que pudiera llegar a su ministerio.

¡Y vaya si llegaron! Incluso antes de llegar a Georgia, Whitefield casi muere de una fiebre que asoló a los que iban en el barco. Soportó grandes tormentas en el mar durante sus viajes a través del Atlántico. Sufrió ataques y críticas lanzados por otros clérigos que estaban incómodos con sus mensajes y su metodología. Incluso recibió amenazas de asesinato.

La historia revela que Dios el Padre se complació en conceder a ese joven una profunda humildad, un fervor bien dirigido, un amor ardiente y una visión unificada; y le dio treinta y dos años de ministerio durante los cuales impactó su mundo para Cristo. Dallimore concluye su biografía de Whitefield afirmando:

> Pero como dice el obispo Ryle: "Whitefield fue enteramente líder y el primero entre los reformadores ingleses del siglo XVIII". Inició casi todos sus proyectos: predicación al aire libre, el uso de predicadores laicos, la publicación de una revista, la organización de una asociación, y la realización de un congreso. Y por sus trece cruces por el océano, proveyó un alcance internacional al movimiento. Entre sus logros debe ser reconocida la hueste de hombres y mujeres que llevó a Jesucristo y el gran papel que jugó en esa gran obra de avivamiento en ambos lados del Atlántico.[12]

Nuestro mundo necesita más creyentes como Whitefield. Necesitamos una hueste de cristianos que se comprometan a la oración radical, bíblica, y precisa. Necesitamos millones más que oren para que el nombre de Dios el Padre sea santificado por todo el mundo. Necesitamos decenas de millones más que busquen el poder del Espíritu Santo para ser transformados a la semejanza de Cristo.

Oh amado lector, ¿hará una pausa radical en este momento y se unirá a mí en oración: *Padre nuestro y Dios nuestro, concede a mis lectores y a mí una "profunda humildad, un bien dirigido fervor, un amor ardiente y una visión unificada, y entonces deja que hombres o demonios hagan lo que quieran". En el inigualable nombre de Jesús, amén.*

SHELBY Y YO

Shelby Arabie es un hombre elocuente, apuesto y extremadamente talentoso. Si le dan un kit de herramientas y materia prima,

Shelby puede construir cualquier cosa que tenga motor y mantenerla funcionando en óptimas condiciones. Su interés en mantener todo tipo de maquinaria funcionando se desborda suavemente sobre su vida física también. Apegado a una dieta saludable, mantiene un estricto régimen de ejercicios.

La primera vez que lo conocí (antes de mi convicción por parte del Espíritu en la cabaña de mi amigo), Shelby y yo no teníamos prácticamente nada en común sobre lo cual construir una amistad. Lo que compartíamos era un conocido en común, Burl Cain, alcaide de la Penitenciaría Estatal de Louisiana en Angola.

Yo estaba ministrando en Angola cuando conocí a Shelby a finales de 2002. En ese tiempo, Shelby era un interno de treinta y nueve años que había estado encarcelado por diecisiete años. Habiendo ganado el mayor estatus de confianza que interno alguno puede alcanzar, Shelby trabajaba como el principal mecánico y operador de maquinaria para el alcaide. Sus talleres estaban localizados directamente detrás de la Casa de Rancho, el lugar de reunión para los visitantes en el terreno de la prisión fuera del complejo cercado.

Los trabajos en la Casa de Rancho son puestos codiciados. No solo pueden estos internos ir "al otro lado de la cerca", sino que pueden interactuar a veces con los invitados del alcaide. A diferencia de la mayoría de los reclusos de confianza que buscaban esas oportunidades para relacionarse con "gente libre" (ya fuera solo por el placer de alguien nuevo para charlar o con un interés de autopromocionarse en mente), Shelby mantenía su distancia, especialmente si escuchaba que los visitantes eran cristianos. Pensaba en los cristianos como gente débil e hipócrita. Desde el principio, Shelby me dejó en claro que no tenía tiempo para Dios; de hecho, ni siquiera estaba seguro que Dios existiera.

El siguiente verano, pude llevar a mi hija Cesia, mi esposa Bárbara y a nuestros dos hijos, Howard y Kenneth, a lo que sería el primero de sus muchos viajes a Angola. En marzo de 2004, Bárbara y los chicos regresaron conmigo por toda una semana, participando cada tarde en servicios a través de los diferentes campamentos para prisioneros de confianza.

Durante el día, mientras ministraba persona a persona o con un pequeño grupo de reclusos, Bárbara se aseguraba que los chicos se mantuvieran al día con sus tareas escolares en la Casa de Rancho. No era difícil motivarlos a terminar su tarea dado que los reclusos de confianza tenían muchas cosas interesantes qué mostrarles a mis niños "citadinos". Los siguientes años, su recompensa por hacer sus estudios mientras estuvieran en Angola incluía lecciones sobre cómo cazar ranas, quitar la piel a un jabalí salvaje, atrapar mapaches y conducir carritos de golf y cuatrimotos. En su primera visita, no sabíamos del talento de Shelby para enseñar y nos sorprendió un poco que fuera con el que los chicos se conectaron mejor.

Durante los servicios vespertinos, yo mostraba un poderoso video musical que presentaba a Nicole C. Mullen cantando *My Redeemer Lives* (*Mi Redentor vive*) como fondo al video de Equipo Hoyt, un equipo de padre e hijo que compite en triatlones. El Equipo Hoyt consta de un hijo adulto cuadripléjico que tenía el deseo de participar en el famoso triatlón *Ironman* en Hawái, y su padre, ya en la edad en la que la mayoría de los hombres comienzan su declive. El padre se entrenó para cada uno de los eventos y diseñó aparatos que le permitieron nadar, andar en bicicleta y correr mientras empujaba, jalaba o cargaba a su hijo discapacitado.

EL EQUIPO HOYT Y UNA PETICIÓN RADICAL

Cuando una noche Shelby regresó a su dormitorio dentro del complejo de la prisión, escuchó a algunos internos hablar acerca de la sorprendente historia del Equipo Hoyt. Al día siguiente le pidió a Bárbara ver el video. Pensando que estaba interesado porque era corredor, Bárbara pronto supo en realidad que estaba interesado porque su hermano mayor, Stephen, había sufrido una lesión cerebral que dejó seriamente limitada su habla, pensamiento y movimientos.

Mirar el video con los chicos y Shelby en su taller es un momento que Bárbara no olvidará muy pronto. Se dio cuenta que Dios estaba abriendo una puerta especial de amistad; se estaba formando una pequeña grieta en su duro corazón. A pesar de que llevé cientos de visitantes a Angola en el transcurso de los siguientes años, era muy selectivo de los que llevaba a conocer a Shelby. Su amistad conmigo y mi familia fue preciosa, y la protegía cuidadosamente, para la gloria de Dios.

Después de mi experiencia personal de avivamiento en la cabaña, comencé a orar persistentemente por una petición radical "imposible", la conversión de Shelby a Cristo. Aunque Bárbara y yo habíamos estado orando por eso desde 2003, ahora me volví más preciso y más intencional en mi oración por Shelby.

No mucho tiempo después, en agosto de 2011, a Shelby se le concedió una audiencia ante la Junta de Indultos de Louisiana. ¡Era algo importante! En un estado conocido por sus duras sentencias, ¡que a un criminal convicto por asesinato en segundo grado se le otorgara una audiencia ante la junta, era un hecho raro en serio! Shelby nos pidió a los Horton y a mí intervenir a su favor en la audiencia en Baton Rouge.

Aunque Shelby no era un creyente en Jesús, no tuve problemas para apoyar su indulto. Su historia es un verdadero caso de libro de texto de la "rehabilitación" de un prisionero. Su arresto sucedió cuando tenía veintiún años, cuando Shelby había trabajado a tiempo completo como instalador de líneas eléctricas, aunque ocasionalmente "complementaba" sus ingresos vendiendo marihuana.

Una noche, él y un amigo organizaron una compra con otros dos hombres. Pero aquellos tenían un plan diferente. Atacaron a Shelby y a su amigo, los ataron, les robaron casi diez libras de droga con precio de reventa de 9,000 dólares. Shelby y su socio lograron liberarse. Persiguieron a los hombres y a la larga les dieron alcance. Shelby disparó un tiro, matando a uno de los hombres. Fue arrestado, condenado y sentenciado a cadena perpetua.

En Louisiana, todas las cadenas perpetuas se dan sin la posibilidad de libertad condicional. Por lo tanto, sin ninguna esperanza y después de dos años de estar prisionero en unas instalaciones, logró escapar a los Cayos de la Florida por casi cuatro meses. Una vez capturado, lo enviaron a Angola. Como castigo por su escape, pasó los siguientes cuatro años en la "restricción de celda de confinamiento", encerrado veintitrés horas al día en una celda de ocho por diez pies. Fue ahí que decidió mejorar, cada día corriendo millas en su lugar y leyendo vorazmente.

A su regreso a la población general del penal, se convirtió en un "prisionero modelo", buscando continuamente mejorar, incluso convertirse en uno de dieciséis técnicos de ASE [Excelencia en Servicio Automotriz] en el mundo, empresa que posee las cincuenta y cinco certificaciones activas de servicio. Ayudó al alcaide a establecer un programa técnico-vocacional, y se convirtió en instructor para los criminales jóvenes de Angola. Cuando el huracán Katrina devastó Nueva Orleáns en 2005, Shelby fue encomendado para ser parte de un equipo selecto asignado ¡a reparar las bombas de agua y el dique de la ciudad dañado!

Seis años después del mortal huracán y ahora con cuarenta y ocho años, Shelby claramente no era una amenaza; yo sabía que definitivamente se convertiría en un miembro responsable de la sociedad si se le daba la oportunidad. Los Horton y yo viajamos a Angola unos pocos días antes de la audiencia con la junta de libertad condicional. Queríamos reunirnos con Shelby y recordarle que solo Dios el Padre podía liberarlo tanto de Angola como de la culpa de su pecado. Aunque había varias personas de influencia trabajando a su favor, solo Dios era capaz de cambiar los corazones y mentes, primero de los cinco miembros de la junta de libertad condicional, y luego del gobernador estatal.

Yo había preguntado a Shelby unas pocas veces a lo largo de los años si podía orar con él. Siempre se negaba amablemente. Pero ahora había estado orando Éxodo 34:10 por él, cuando *Yahveh* dice: "He aquí, yo hago pacto delante de todo tu pueblo; haré maravillas que no han sido hechas en toda la tierra, ni en nación alguna, y verá todo el pueblo en medio del cual estás tú, la obra de Jehová; porque será cosa tremenda la que yo haré contigo". Esta vez, cuando los Horton y yo le pedimos a Shelby que orara con nosotros, accedió. Por dentro estábamos regocijándonos silenciosamente al ver otra grieta aparecer en su endurecido corazón. Dios el Santo Espíritu estaba trabajando.

PRECISOS EN LA ORACIÓN

En su rostro, audazmente le dije que Dios actuaría, no a causa de él, sino porque nosotros íbamos a Dios a favor de él. Mientras negara a Dios, no tendría acceso a él. Sin embargo, debido a nuestro amor por Shelby, los Horton y yo continuábamos intercediendo a favor de él.

Con mi recién adquirido hábito de ser preciso en la oración, le pedí a Dios el Padre que concediera a Shelby tres cosas. Primero, que la Junta de Indultos pudiera recomendar una reducción de su sentencia de cadena perpetua a cuarenta y cinco años, de tal forma que Shelby fuera elegible a libertad condicional inmediata debido a que ya había purgado más del 60 por ciento de ese tiempo.

Segundo, que el voto no solo fuera la mayoría cualificada necesaria para pasar (cuatro de cinco votos), sino que fuera un voto unánime. De esta forma no habría duda que Dios era el que estaba moviendo el corazón y la mente de los miembros. Tercero, que el gobernador actuara rápida y favorablemente con respecto a la recomendación de la Junta de Indultos.

Los Horton y yo, junto con la familia de Shelby y otros simpatizantes, incluida la hija de la víctima, estaban presentes con la Junta de Indultos en Baton Rouge. Shelby apareció a través de una transmisión de video en vivo desde Angola. Después de escuchar el testimonio, incluyendo el de Shelby mismo aceptando total responsabilidad por el asesinato de la víctima, le llevó a la junta menos de cinco minutos votar unánimemente a favor de reducir su sentencia a cuarenta y cinco años. ¡Explotamos en gritos de gozo! ¡Dos de las tres peticiones las había provisto misericordiosamente nuestro Padre celestial!

Más tarde, al siguiente día, cuando pudimos regresar a Angola y ver a Shelby, nos dijo que Dios lo había despertado a las 4:00 a.m., el día de la audiencia, y le había dado una tremenda paz y seguridad sobre esa reunión con la junta. Para mí, eso fue un ejemplo de Efesios 3:20: Dios haciendo más allá de lo que pedimos al dar a Shelby una seguridad personal de que cuidaba de él y que su mano estaba sobre él. También fue una gran confesión de alguien que acostumbraba decirme que no sabía si Dios existía siquiera.

EL GOBERNADOR ACTÚA

Tomó casi dos años que el gobernador actuara con base en la recomendación de la Junta de Indultos, lo cual podía parecer como si Dios no quisiera concedernos nuestra tercera petición. Sin embargo, esto debe ponerse en perspectiva. Entre 2008 y mediados de 2011, de las cuatrocientas cincuenta recomendaciones enviadas por la junta al gobernador, solo pasó su decisión con setenta y dos de ellas. Treinta y seis fueron rechazadas y treinta y seis fueron aprobadas. De las que fueron aprobadas, solo una involucraba a alguien que aún estaba en prisión. Dos años eran considerados una respuesta "pronta", y lo que es más importante, era favorable. Por la gran providencia de Dios, Bárbara y yo habíamos llegado a Angola la noche antes de que el gobernador anunciara su decisión. Meses antes habíamos logrado llevar al presidente del consejo de *Wheaton College*, doctor David Gieser, junto con su esposa Mary, para que vieran de primera mano en dónde habían pasado sus vacaciones de primavera los alumnos de *Wheaton* durante los últimos diez años. En julio 12 de 2013, el gobernador hizo una rara conmutación de cargos, aceptando la recomendación de la Junta de Indultos y reduciendo la sentencia de Shelby de cadena perpetua a cuarenta y cinco años. ¡Dios nos dio el gozo de celebrar estas noticias con Shelby en persona! Pocos días después, después de purgar veintinueve años de su sentencia, Shelby fue liberado de Angola. Misericordiosamente Dios le había concedido un tipo de libertad.

Diecinueve meses después, Bárbara y yo nos dirigíamos nuevamente a Angola. En el camino, esperábamos ver a Shelby por primera vez fuera de Angola y llamamos para invitarlo a cenar. Bárbara habló con él por un rato mientras yo conducía y al principio sonaba como si Shelby dudara, como si no tuviera interés en hablar o reunirse con nosotros. ¡Pero pronto él nos invitó a cenar e insistía en que pasáramos la noche en su casa en vez de en el hotel!

NUESTRA CENA CON SHELBY

Durante la cena, Shelby explicó su resistencia en el teléfono diciendo que estaba tratando de resolver cómo acomodar su horario de la tarde para hacer tiempo para vernos. Así que allí estábamos, en su casa. Y ni tan pronto terminamos la cena, nos llevó a conocer a su amado hermano Stephen. Observamos a Shelby cuidar amorosamente a Stephen, quedándose hasta que el cuidador del turno de la noche llegara. Oramos con Stephen antes de irnos y luego nos dirigimos al empleo de Shelby.

Ya era tarde esa noche cuando nos llevó a hacer un *tour* por la tienda de maquinaria y nos narró el éxito que estaba teniendo. Había conseguido su primer puesto a cuatro días de su liberación, lo habían ascendido, y ahora desarrollaba un centro de entrenamiento para que la compañía pudiera ofrecer técnicos especializados para atender los generadores que ellos fabricaban para el uso en las plataformas petroleras del Golfo de México.

Decir que Bárbara y yo estábamos impresionados sería puro eufemismo.

Pero la mejor noticia que escuchamos esa noche fue la declaración de Shelby de que había creído que Jesucristo es el Mesías y el Señor de su vida. Le dio a Cristo todo el crédito por todo lo que había logrado en la vida y reconoció que Dios no lo había librado de prisión un día antes de que estuviera listo. Dios misericordiosamente dio a Shelby un segundo regalo de libertad, ¡liberarlo de su ira y del infierno eterno!

Esa noche, cuando Bárbara y yo nos fuimos a dormir, ella comenzó a reírse con gozo y yo le pregunté: "¿De veras vamos a pasar la noche en la cama de Shelby Arabie? No estoy seguro si esto es lo que la mayoría de la gente piensa cuando leen en Juan 10:10 la promesa de Jesús de una vida abundante, ¡pero para mí lo es!".

Y, por cierto, ya que Shelby acostumbraba transportar una bicicleta de ejercicios para mí a cualquier lugar en el que yo me quedara en la prisión, yo bromeaba con él con que solo me quedaría en su casa si tenía un gimnasio. Dijo que tenía uno en casa, en el que se ejercitaba cada mañana, y me dio la bienvenida para acompañarlo a esa hora, ¡las 2:30 a.m.!

De hecho, la siguiente mañana lo acompañé en el gimnasio a las 2:30. (¡Después de un par de horas de sueño!). Más tarde esa noche, tuve el gran privilegio de decir a los hombres de Angola lo que había escuchado, visto y experimentado con Shelby: una respuesta radical a una oración radical para la santificación del santo nombre de Dios nuestro Padre. Ante eso, solo tengo una palabra que decir: ¡Aleluya!

10

¿LISTO PARA SER RADICAL?

Mi misericordioso Padre celestial, concédeme un corazón que siga el consejo de las últimas palabras de Moisés a tu pueblo: Que guarde cuidadosamente todo lo que me has mandado. Que reconozca que tus palabras no están vacías, que no es cosa vana. Ciertamente, son mi propia vida. Usa tu Palabra y tu Espíritu para encender en mí un ardiente deseo mayor y más profundo de santificar tu nombre en todas mis oraciones. En el nombre de Jesús, amén.

BUENO, ¿qué quiero decir con una oración radical y bíblica? Nuevamente, Moisés nos provee de un ejemplo en su encuentro con Dios de Éxodo 34:1-17.

LA ORACIÓN RADICAL: RENDICIÓN TOTAL

Dios misericordiosamente renunció a destruir a los hebreos cuando cometieron alta traición contra Él al construir el becerro de oro y al atribuirle, no a *Yahveh,* su milagrosa liberación de

Egipto. Dios llamó a Moisés para que subiera al Monte Sinaí y recibiera una reposición de las tablas que contenían su pacto con el pueblo. También respondió a la mayor oración de Moisés: "Te ruego que me muestres tu gloria" (Éxodo 33:18), al descender en una nube, pasar cerca de Moisés y hacer una poderosa declaración de su carácter: "¡Jehová! ¡Jehová! Fuerte, misericordioso y piadoso; tardo para la ira, y grande en misericordia y verdad; que guarda misericordia a millares, que perdona la iniquidad, la rebelión y el pecado, y que de ningún modo tendrá por inocente al malvado; que visita la iniquidad de los padres sobre los hijos y sobre los hijos de los hijos, hasta la tercera y cuarta generación" (Éxodo 34:6, 7).

Juntos, estos gloriosos momentos marcaron el nuevo inicio de Israel.

Una oración radical y bíblica es aquella que comienza con un entendimiento correcto y un cuidadoso reconocimiento de a qué presencia estamos entrando. Cuando oramos, nos dirigimos al Eterno, Autosuficiente, Soberano Rey del Universo; y podemos hacerlo únicamente a través de Jesucristo, su Hijo. La postura física de Moisés demostró su comprensión de la misericordia y la gracia de Dios. El versículo 8 nos dice que "Moisés, apresurándose, bajó la cabeza hacia el suelo y adoró"; asumió una postura de total rendición y dio reverencia a Jehová por amor a Jehová. Sin pedir, sin demandar. Únicamente adorando. Mi amado lector, le animo a intentar, si es físicamente capaz, de asumir una postura de rendición durante su tiempo de oración privado. Sí, podemos orar a Dios en cualquier posición. ¿Pero cuántos de nosotros somos culpables de orar en posturas casuales que se prestan para que divaguemos en el pensamiento o incluso nos durmamos? Una postura de rendición estimula una actitud de vigilancia y de atención. Una postura de rendición estimula una verdadera adoración.

LA ORACIÓN RADICAL: UNA CONFESIÓN HONESTA

Cuando Moisés habla con Dios, comienza con una confesión honesta: "Si ahora, Señor, he hallado gracia en tus ojos, vaya ahora el Señor en medio de nosotros; porque es un pueblo de dura cerviz; y perdona nuestra iniquidad y nuestro pecado, y tómanos por tu heredad". (Éxodo 34:9).

Una oración radical y bíblica es aquella que se hace con una confesión honesta de nuestra propia condición de pecado, con una comprensión de que esa oración es solo posible por la gran gracia de Dios. En nuestras oraciones no debe haber indicio de que se tienen derechos o una actitud de "lo merezco". En lugar de ello, venimos ante Jehová en profunda humildad y con un abrumador sentido de gratitud, entendiendo que debido a que somos pecadores no merecemos nada de Él. Sin embargo, porque está lleno de gracia, somos libres para acercarnos.

LA ORACIÓN RADICAL: ABNEGADA SERVIDUMBRE

Moisés no solo pidió a Jehová que fuera con ellos, le pidió que los tomara "por heredad" (v. 9). Note que Moisés no pidió algo material, tal como alimento o riquezas, o incluso una posición. En este momento de la historia de la joven nación, hubiera sido natural que Moisés pidiera: "Ve con nosotros y danos la tierra que prometiste a nuestros padres". Pero no lo hizo. En lugar de ello, le hizo una petición increíble, recordando las palabras del Señor en Éxodo 19:5, que de todos los pueblos de la tierra, ellos fueran su especial tesoro, su posesión.

Una oración radical y bíblica es aquella que expresa deleite en ser propiedad de Dios. Debemos llegar ante la presencia de Él plenamente satisfechos de ser su tesoro. ¿Qué tan bueno es tener abundancia de riquezas y poder en esta vida si nuestra alma estará separada de Dios por toda la eternidad? Saber que somos su tesoro nos produce confianza y seguridad. Llegamos deleitándonos no solo en el conocimiento que tenemos de Dios, sino en que Dios nos conoce. Podemos deleitarnos en ser sus siervos, tal como el apóstol Pablo se describió a sí mismo, porque sabemos con certeza que Dios es un dueño bueno y confiable.

LA ORACIÓN RADICAL: ANSIOSA EXPECTACIÓN

Como demostración de su loco amor por su pueblo, Dios responde la solicitud de Moisés de forma exagerada. Le dice que no solamente Él irá con ellos y los tomará como su tesoro especial, sino que le promete hacer "maravillas que no han sido hechas en toda la tierra" (v. 10). ¡Imagínese! Esta aseveración se le hizo al hombre que había visto diez demostraciones de la poderosa fuerza de Dios sobre los supuestos dioses de Egipto, y luego lo vio abrir milagrosamente el Mar Rojo como avenida para su escape. Incluso, con todo ello, ¡ahora Dios le estaba diciendo a Moisés que podía esperar MÁS!

Una oración radical y bíblica es aquella que tiene expectación. Llegamos reconociendo que no merecemos nada de Dios. Con todo, venimos sabiendo que Él se deleita en prodigar su amor sobre sus hijos y traer gloria para Él a través de asombrosos despliegues de su poder. Spurgeon elocuentemente desafió a su congregación:

> Nada complace más a Dios que cuando un pecador viene y regresa muy pronto con una petición doblemente grande: "Señor, tú me escuchaste la última vez, y ahora vengo nuevamente". La fe es una poderosa gracia, y siempre crece sobre aquello que la alimenta. Cuando Dios ha escuchado la oración por una cosa, la fe viene y pide dos cosas, y cuando

Dios ha dado esas dos cosas, la fe pide seis. La fe puede escalar las murallas del cielo. Es una gracia gigante. Toma las montañas por la raíz y las pone encima de otras montañas, y así trepa hasta el trono en confianza, con grandes peticiones, sabiendo que no se las negarán. La mayoría de nosotros somos demasiado lentos para acercarnos a Dios. No somos como los mendigos que llegan a la puerta veinte veces si usted no les da algo. Pero si nos han escuchado una vez, nos alejamos, en vez de regresar vez tras vez, y cada vez con una oración mayor. Haga sus peticiones más y más largas. Pida diez, y si Dios se los da, entonces pida mil, y así siga hasta que con seguridad obtenga fe suficiente para pedir, si fuera propio, un favor tan grande como el que Moisés pidió: "Te ruego que me muestres tu gloria".[13]

LA ORACIÓN RADICAL: OBEDIENCIA COMPROMETIDA

No podemos perder de vista, sin embargo, que cuando venimos a Dios en oración estamos llegando a la presencia de aquel que es santo como ninguno otro. Con las palabras "guarda lo que te mando" y "ten cuidado de tu conducta", Jehová ordena a Moisés con fuertes palabras que destruya, rompa y derribe los ídolos del pueblo en la tierra a la que vayan para que no vuelvan a caer en la trampa de la idolatría.

Una oración radical y bíblica es aquella que se hace con un compromiso inquebrantable a obedecer todos los mandamientos de Dios, para la santificación de su nombre santo. Nos comprometemos a no adorar otro dios, "pues Jehová, cuyo nombre es Celoso, Dios celoso es" (Éxodo 34:14). ¿Qué significa que el nombre de Dios sea Celoso? La *Nueva Biblia de Estudio Geneva* tiene una nota útil en Éxodo 20:5, la primera vez en las Escrituras que Dios usa tal palara. "Cuando Dios la usa, esta palabra describe su pasión por su santo nombre, un celo que demanda la adoración exclusiva de su pueblo. Se emplea cuando esa demanda es amenazada por otras deidades".

Mi amado lector, estamos justo donde comenzamos, ¡en la santificación del nombre santo de Dios! ¿Qué ídolos hay en su vida que deban ser destruidos, rotos o derribados? ¿Qué está en medio de su camino a ser obediente a todo lo que Dios le manda? Si siente que su vida de oración no es todo lo que debe ser, considere si está orando con un inquebrantable compromiso hacia la obediencia. "En esto conocemos que amamos a los hijos de Dios, cuando amamos a Dios, y guardamos sus mandamientos. Pues este es el amor a Dios, que guardemos sus mandamientos; y sus mandamientos no son gravosos" (1 Juan 5:2-3).

UNA LECCIÓN FINAL DE MOISÉS

Moisés pasó sus últimos cuarenta años dirigiendo a un grupo de gente muy difícil desde Egipto hasta la tierra prometida. Habló al pueblo en nombre de Dios, y habló a Dios en nombre del pueblo. Fue un hombre de Dios; uno a quien el Señor conocía "cara a cara" (Éxodo 33:11). Y, sin embargo, cayó en pecado.

Números 20:1-13 registra el triste recuento de Moisés al perder los estribos cuando el pueblo se quejaba con él y con su hermano, Aarón, porque no tenían agua en el desierto. Asumiendo el rol de proveedor del agua, y desobedeciendo el claro mandato de Jehová: "...hablad la peña a vista de ellos", Moisés en vez de eso golpeó la roca dos veces. Aunque Dios fue misericordioso y proveyó agua para el pueblo y los animales, aplicó un serio castigo tanto a Aarón como a Moisés. Su ministerio terminaría, y ninguno de los dos entraría a la tierra prometida. ¿Su pecado? "Por cuanto no creísteis en mí, para santificarme delante de los hijos de Israel" (Números 20:12, cf. Deuteronomio 32:15). Moisés y Aarón no tuvieron "otra oportunidad" con esto. Aunque Dios les mostró gran misericordia a los dos, no les dio la gracia de una segunda oportunidad. Tuvo misericordia al no darles lo que merecían justo en ese lugar y en ese momento: muerte instantánea. Pero no les dio algo que no merecían: el privilegio de entrar a la tierra prometida.

No es de extrañarse que cuando Jesús enseñó a sus discípulos a orar, comenzó diciendo: "Cuando oréis, decid: Padre nuestro que estás en los cielos, santificado sea tu nombre" (Lucas 11:2). La vida de Jesús claramente demuestra que su principal propósito era santificar el nombre de su Padre en todo lo que hacía. Vino a vindicar la santa reputación de su Padre a través de su vida, su muerte y su resurrección. Amado lector, debemos tomar la santificación del nombre de Dios extremadamente en serio. Dios declaró, a través del profeta Isaías: "Yo Jehová; este es mi nombre; y a otro no daré mi gloria, ni mi alabanza a esculturas" (Isaías 42:8).

Cuando fallamos en rendir a Dios nuestro Padre su santificación a través de nuestras oraciones, esencialmente estamos orando a otro dios. Si no estamos buscando su provisión únicamente, estamos buscando en algo o en alguien más. Eso es idolatría y adulterio, y Dios no lo tolerará.

ENCONTRARSE CON EL REY

En mi ministerio, ocasionalmente interactúo con oficiales de gobierno. Tener una audiencia con tales personas casi nunca es fácil. Necesitamos persistir a través de capas y capas de personal con llamadas telefónicas y correos electrónicos, consultar los calendarios, planificar citas y, a menudo, recalendarizarlas. Y luego, cuando en realidad conseguimos la conexión, necesitamos priorizar nuestras preocupaciones, determinando qué asuntos deben ir en la agenda y cuáles deben quedar fuera.

Durante la reunión (cuando realmente se lleva a cabo), buscamos señales de atención y esperamos ser escuchados. Cuando nuestro tiempo asignado se termina, nos vamos para comenzar a esperar una respuesta oficial.

¡Las maravillosas buenas noticias para los cristianos son que no es así con el Rey del universo! Cuando creemos que Jesús es el Hijo de Dios que pagó el castigo por nuestro pecado a través de su muerte, sepultura y resurrección, la Biblia nos dice que recibimos el don de la justicia de Cristo. Este derecho de permanecer delante de Dios nos permite ahora llegar confiadamente ante su trono de gracia (Hebreos 4:16) como hijos muy amados que se acercan a su amadísimo padre.

No hay que hacer citas. Tenemos una audiencia inmediata a cualquier hora. No hay agendas limitadas o restricciones de tiempo. Podemos hablar con nuestro Padre acerca de todo lo necesario por tanto tiempo como requiera. No hay que hacer una solicitud mediante alguien que no tiene autoridad. En vez de eso, podemos comunicarnos directamente con el Dios altísimo y soberano. Dios nos da su total atención, y está lleno de autoridad y de ilimitado poder para responder nuestras oraciones radicales por la santificación de su nombre.

El fallecido predicador, E. V. Hill, dijo: "Pasamos a estar sometidos y recibir en cualquier momento la respuesta a nuestra petición".[14]

Puede ser que debamos esperar, posiblemente muchos años, la respuesta de Dios. Pero las maravillosas noticias son que no necesitamos prescindir de su presencia mientras esperamos. Comprendemos que Dios conoce lo que es mejor para nosotros y no comete errores. Por lo tanto, reconocemos que su amorosa respuesta puede ser "no" o "aún no". Esos tiempos de espera son difíciles, pero son tiempos de refinado. Hay veces en las que aprendemos más de Dios mientras esperamos en su presencia.

MI HIJA SASHA

Conocí a mi hija Sasha por primera vez en el otoño de 2002. Tenía 19 años y era madre de gemelos. La madre de Sasha era una mujer que conocí en mis años anteriores a venir a Cristo, y cuando estaba casado con mi primera esposa. (La historia de cómo nos conocimos se narra en *Redención radical*[15]). Aunque creía que Sasha tenía un interés genuino por conocerme, sabía desde antes que su verdadero deseo era conocer a mi hijo mayor, Manny. Su madre, a menudo le había contado de su hermano mayor. Al crecer como hija única, ahora como adulta joven y madre, tenía muchas ganas de conocer a su medio hermano. Manny, sin embargo, no estaba listo para conocer a Sasha.

Durante los siguientes trece años, Bárbara y yo oramos por dos cosas. Primero, que Sasha llegara a la fe en Cristo Jesús; y segundo, que pudiéramos tener una reunión de la familia Mill con todos nuestros cinco hijos, sus cónyuges y nuestros nietos presentes.

Recuerdo pasar una tarde con Bárbara tratando de resolver cómo financiar y manejar logísticamente reunir a todos en un lugar dado que vivíamos en tres estados, separados por miles de millas. Después de mi experiencia en la cabaña en 2011, esas fueron las que yo ahora llamo peticiones de oración imposibles: imposibles para que la mente y las manos humanas las pudieran orquestar o conseguir, y posibles solo con la mano clara de provisión de Dios. Esas son el tipo de peticiones que Dios se deleita en responder, porque solo Él se lleva la gloria. Dios sería glorificado al traer a otro pecador a la fe salvadora y al traer reconciliación a mi familia.

Sería realmente glorificado; y otros tendrían esperanza de que lo que Dios hizo por los Mills podría hacerlo por ellos.

SE REÚNE UNA FAMILIA

A principios de 2015, a través de circunstancias que nunca nos hubiéramos imaginado, tanto Manny Jr. como su hermana Cesia y sus familias, se mudaron desde Florida y estaban viviendo cerca de nosotros en Illinois. Aunque acepté que una consecuencia de mi pasado pecaminoso eran las relaciones distantes —y a veces tensas— con mis hijos mayores y mis nietos, oré que Dios me diera oportunidades para construir nuevas relaciones con ellos. En su rica misericordia, Dios creyó primero conveniente llamar a mi hija Cesia y a su esposo al ministerio de la iglesia, y dirigió a mi yerno a estudiar de tiempo completo en el *Instituto Bíblico Moody* en Chicago. Una bendición mucho más abundante (Efesios 3:20) ¡fue poder ver a su primer hijo, mi sexto nieto, momentos después de nacer!

Cesia y Sasha han desarrollado lazos de hermanas con el correr de los años. Dos veces, Cesia viajó conmigo a Nueva Jersey y pudo visitar a Sasha y a sus hijos. Pero Manny Jr. seguía dudando en conocerla, intercambiando ocasionales mensajes de texto con ella. Eso cambió en marzo de 2015, cuando Sasha decidió visitar Illinois por primera vez. A penas tres semanas después de que Manny y su familia se mudaran a Illinois, Sasha y los gemelos llegaron para pasar el fin de semana.

Su visita coincidió con las vacaciones de primavera de nuestro hijo menor, Kenneth, así que todos estaban presentes, menos nuestro hijo de en medio, Howard. Sin que lo planeáramos, sin manipulación, ¡Dios nos sorprendió y reunió a nuestra familia en nuestra propia casa!

Manny y Cesia compartieron con Sasha como fue solo la gracia de Dios, su Padre celestial, lo que les permitió perdonarme, su padre terrenal, por todas las heridas y el dolor que les había causado a ellos y a su madre. Le dijeron que debido a que entendían que habían sido perdonados de sus propios pecados en Cristo Jesús, y por amor a Él, ahora eran capaces de perdonarme a mí. Ese domingo, derramé lágrimas de gozo cuando, por primera vez en treinta años, asistí a la iglesia con mis tres hijos mayores, así como con mis seis nietos. Cuando Sasha regresó a casa, llamó a una prima para preguntar si aún asistía a la iglesia. Ese próximo domingo, Sasha comenzó a asistir a la iglesia con ella. Siete semanas después, se bautizó. El primer domingo de mayo de 2015, Bárbara y yo nos sentamos en la mesa de la cocina y vimos una grabación de video del bautismo de Sasha y la escuchamos profesar su fe en Cristo Jesús como Salvador. Después de trece años de pedir, buscar y llamar, y esperar, nuestro misericordioso Padre Celestial dijo "sí".

UNA AUDIENCIA CON EL REY

Mi amado lector, permita que las verdades de algunas de las muchas promesas de las Escrituras penetren profundamente en su corazón y mente:

> Claman los justos, y Jehová oye, y los libra de todas sus angustias. (Salmos 34:17)
>
> Ni nunca oyeron, ni oídos percibieron, ni ojo ha visto a Dios fuera de ti, que hiciese por el que en él espera. (Isaías 64:4)
>
> Yo soy Jehová tu Dios, que te hice subir de la tierra de Egipto; abre tu boca, y yo la llenaré. (Salmo 81:10)

> Yo soy la vid, vosotros los pámpanos; el que permanece en mí, y yo en él, éste lleva mucho fruto; porque separados de mí nada podéis hacer. El que en mí no permanece, será echado fuera como pámpano, y se secará; y los recogen, y los echan en el fuego, y arden. Si permanecéis en mí, y mis palabras permanecen en vosotros, pedid todo lo que queréis, y os será hecho. En esto es glorificado mi Padre, en que llevéis mucho fruto, y seáis así mis discípulos. (Juan 15:5–8)

> Porque los ojos del Señor están sobre los justos, y sus oídos atentos a sus oraciones; pero el rostro del Señor está contra aquellos que hacen el mal. (1 Pedro 3:12)

¡Tenemos audiencia con el Rey! ¡Tenemos su atención! Tenemos su mirada. Tenemos sus oídos atentos. ¿Qué petición de oración imposible tiene usted? ¿Qué necesidad tiene que el poder del Espíritu Santo no pueda proveer? Le insto a que en este momento haga una pausa radical y comience a pedir, buscar y llamar, y a esperar a que Dios responda. No se aleje de Él, ni busque su respuesta en algo o alguien más. Porque hacerlo es idolatría, voltear su rostro en otra dirección da como resultado dar su espalda a Dios.

El escritor de Hebreos nos advierte y nos instruye: "Mirad, hermanos, que no haya en ninguno de vosotros corazón malo de incredulidad para apartarse del Dios vivo; antes exhortaos los unos a los otros cada día, entre tanto que se dice: Hoy; para que ninguno de vosotros se endurezca por el engaño del pecado" (3:12, 13). Dios puso en mi corazón escribir este libro como una fuerte exhortación, un llamado a mis hermanos y hermanas en Cristo para santificar su nombre mediante la oración radical y bíblica. Debido a la gran gracia que recibí en mi salvación y luego nuevamente en la cabaña en febrero de 2011, ahora estoy obligado a compartir con otros la misma gracia con el fin de santificar el santo nombre de Dios. Es mi ardiente deseo que el nombre del Señor sea valorado, querido, adorado, estimado y exaltado por todos los pueblos por doquier, incluyéndolo a usted, amado lector.

FOTOGRAFÍA POR JIM WHITMER PHOTOGRAPHY

Primera fila (desde la izq.): Justin Greaves, Isaiah Muñoz, Ethan Mill y Jordan Mill.
Segunda fila: Bárbara y Manny Mill.
Tercer fila: Alyssa Greaves, Sasha Centeno, Cesia y Eli Muñoz, Adrian Mill, Manny y Loise Mill.
Cuarta fila: Howard Mill, Kenneth Mill.

UN AVIVAMIENTO FRESCO Y RADICAL

Hay ocasiones en los Evangelios en las que vemos a Jesús mostrar ira divina; dos de esas ocasiones incluyen el uso incorrecto del templo. Juan describe una limpieza que tuvo lugar en los inicios del ministerio de Jesús, mientras que Mateo, Marcos y Lucas describen la limpieza como anterior a la crucifixión. En Marcos 11:17 leemos que Jesús, después de volcar las mesas y las sillas de los cambistas, citó al profeta Isaías y dijo: "Y les enseñaba, diciendo: ¿No está escrito: Mi casa será llamada casa de oración para todas las naciones? Mas vosotros la habéis hecho cueva de ladrones".

Aunque no tenemos cambistas en nuestras iglesias hoy en día, me pregunto: ¿Se complacería Jesús con las actividades que allí encontrara? ¿Hallaría nuestras iglesias como casas de oración?

Mi querido lector, ¿está desesperado por experimentar un avivamiento fresco y radical en su corazón, que ilumine su mente, convenciéndole de que Jesús es más que suficiente y completamente satisfactorio? Los tiempos son urgentes. Ahora es el tiempo para que haga una pausa radical. Ruegue a Dios, su santo y amoroso Padre celestial, que lo bautice nuevamente con el Espíritu Santo. Fortalezca sus oraciones con la Palabra de Dios. Vaya ante él con una actitud de rendición y honesta confesión, con deleite por pertenecerle, con una actitud expectante, y un compromiso inquebrantable hacia la obediencia, todo para la santificación de su santo nombre. ¡Aleluya!

RECONOCIMIENTOS

ANTE QUE NADA, debo reconocer a Dios nuestro santo y amoroso Padre por su gracia radical que me ha dado el poder de escribir este libro junto con mi querida esposa, Bárbara, y "*Papito*" (un término cubano de cariño) Harold Smith.

Oración Radical fue escrito para la santificación radical de Dios, mi Padre, quien ya no está "simplemente" en el centro de mis prioridades, sino ahora y por siempre es mi todo y en todo. Y es mi oración radical que él se vuelva igual y maravillosamente lo mismo para todos los que lean este libro.

Muchos contribuyeron en este libro a través del trabajo de sus manos, ¡y el testimonio de su vida ha exhibido la maravillosa gracia pura, amorosa e irresistible de nuestro poderoso y sorprendente Dios! ¡Aleluya!

Antes que nadie está mi esposa, Bárbara, el amor de mi vida y mi compañera de ministerio y oración. Con una unción sobrenatural y fresca del Espíritu Santo, milagrosamente interpretó y arregló mi creativo "Spanglish" ¡antes de mandar el manuscrito a "*Papito*"!

Bárbara, debo decirte que tu fuerza y resistencia dadas por Dios para perseverar no importando lo que pase, así como tu compromiso por hacer este libro sencillo pero profundo —anclado al más alto nivel de integridad bíblica— ¡fue un estímulo y motivación diaria para mí! Además, tu alto nivel de atención a los detalles nos impulsó a ambos a producir un libro que, en mi humilde opinión, es de lectura obligada para cualquiera que busque seriamente llevar su vida de oración a niveles radicales. Barbarita, estoy tan agradecido a Dios nuestro Padre por tu inquebrantable deseo, así como el de "*Papito*" y el mío, de asegurarte que cada palabra en este libro dirija en última instancia a la santificación del santo nombre de Dios nuestro Padre. ¡Aleluya!

A ti, "*Papito*" Harold Smith, mi más profundo agradecimiento por hallar el tiempo para editar este libro en medio de tu ocupado papel como Presidente y CEO de *Christianity Today*. ¡Eres una fuente sorprendente e ilimitada de ánimo para Bárbara, para nuestra familia de *Pausa Radical* (RTO), y para mí! Tú y tu querida esposa, Judy, son modelos de la oración bíblica y radical; y has traído una riqueza en sabiduría bíblica, discernimiento y experiencia a este proyecto que nos ha permitido completar este libro de modo triunfante, ¡y a tiempo!

Debo también agradecer a Dios, mi Padre santo, por el inmenso ejército de personas que ha enviado a bendecirme de incontables maneras en tiempos recientes y más notoriamente mientras escribía este libro.

Comencemos con nuestra familia de *Pausa Radical*, dirigida por Nephtali Matta, Coordinador de Ministerio para *Koinonia House® National Ministries* (KHNM), y a nuestro consultor de redes sociales, Jim Whitmer, junto con su esposa, Mary. ¡Gracias a todos ustedes por su enfoque radical en la oración radical, y por el amor que muestran radicalmente a nuestros prójimos!

Y gracias a ti, Ken Cousins, por tu obediencia radical al responder a la instrucción del Espíritu Santo de pedirme que me uniera a ti en oración por tu hijo Jake y mi hijo Kenneth, cuando nos conocimos en la Universidad de Pensilvania, en su dormitorio de estudiantes de primer año en el otoño de 2013. El Espíritu Santo ha recompensado tu obediencia al bendecir a docenas de padres que se nos unen cada miércoles a medio día para interceder radicalmente por cientos de nuestros hijos e hijas.

Tim Horton, no puedo agradecer lo suficiente a Dios nuestro Padre por ti, mi súper mega amigo a prueba de balas. ¡Tú y tu esposa, Wendy, siempre están orando por mí, mi familia y mi ministerio, mientras enfrentamos juntos los poderes del infierno en nuestros singulares fines de semana de *Libertad a la manera de Dios*!

Dr. David Gieser, debo agradecer también a Dios nuestro Padre por usted. Le ha usado para invitarme poderosamente y con persistencia a asistir a la reunión de CARBS (siglas en inglés para el acrónimo formado por las palabras: *cristocéntrico, auténtico, relacional, fortalecido, estratégico*) los sábados a las 6:30 a.m. Su invitación y su constante ejemplo de oración han transformado para siempre mi vida de oración en grupo. Estaré eternamente en deuda con usted. En CARBS he conocido muchos hombres de Dios poderosos que saben como orar radicalmente y quienes se han vuelto mis compañeros de oración inseparables para siempre. Hombres como el líder de CARBS, Scott Filline. Scott, te has vuelto uno de mis amigos de mayor confianza. Tu liderazgo constante, motivado por tu amor por toda la gente, me enciende. Y Jim Libby, tu erudición en griego me ayudó a santificar el nombre de nuestro Padre de manera más precisa.

Debo también agradecer a Dios nuestro Padre por nuestra junta de miembros de KHNM, quienes no solamente son continuos modelos de la oración bíblica y radical, ¡sino que generosamente concedieron a Bárbara y a mí el tiempo para terminar este libro! Especialmente agradezco a Dios por nuestros tres oficiales de la junta: Joe Agnello, presidente; Chuck Martin, secretario-tesorero; Don Leach, vicepresidente; junto con Kathy Woods (cuya cabaña en Wisconsin, Bárbara y yo usamos para aislarnos y escribir este libro), Pat Selvaggio y Bob Wolfson (cuya singular percepción fue muy valiosa para Bárbara, "*Papito*" y yo), el Obispo Ed Peecher, y el Dr. Roger Harber.

También agradezco a Dios nuestro Padre por todos aquellos cuyas historias aparecen en este libro. ¡Ustedes han producido el maravilloso comentario que honra a Dios de que nuestras oraciones bíblicas y radicales serán respondidas para la santificación del nombre de Dios!

Permítanme cerrar estos reconocimientos con un sincero agradecimiento a Dios por su fidelidad hacia mi preciosa familia.

En primer lugar, gracias a mi primogénito, Manny Jr., por las perspicaces sugerencias que él, junto con Nephtali, nos dieron para mejorar el libro. Alabo a Dios por traerte a ti y a tu familia a vivir a Illinois, dándome la oportunidad de desarrollar relaciones más profundas contigo, con mi nuera, Loise, y con mis nietos, Adrian, Jordan y Ethan.

Alabo a Dios por dar a mi hija Cesia, y a su esposo, Eli, el valor para dejar las comodidades de su vida en Florida para obedecer su claro llamamiento a venir a Illinois para prepararse para el ministerio. ¡Nunca hubiera podido imaginar que su primer hijo, Isaiah, nacería aquí!

Me siento más humilde y agradecido con nuestro Padre por sus bendiciones y protección para nuestro hijo, Howard, quien recientemente se graduó de la Universidad de Colorado y fue comisionado como segundo lugarteniente del Cuerpo de Marines de Estados Unidos. Y por Kenneth, nuestro hijo menor, quien está comenzando su penúltimo año en la Universidad de Pensilvania, ¡sé fuerte en el Señor!

Por último, y desde luego, no por ello menos importante, nuestro Padre nos sorprendió radicalmente a Bárbara y a mí cuando este libro estaba en su etapa final, con la redención radical de nuestra hija, Sasha. Estoy deseoso de ver lo que Dios tiene para ti, tu esposo Robert, y mis nietos Justin y Alyssa. ¡Aleluya!

No es extraño, entonces, que Dios, por su Espíritu, y a través del portento de la salvación hallada solo en su Hijo, Jesucristo, me haya llamado para escribir este libro acerca de la oración radical. Solamente él es digno de nuestra alabanza, honor y gloria. Solo su nombre debe ser santificado.

—**MANNY MILL**

NOTAS

CAPÍTULO 1: DE LA CRISIS A LA CONVICCIÓN

1. C. H. Spurgeon, *Lectures to My Students: A Selection from Addresses Delivered to the Students of the Pastors' College*, Metropolitan Tabernacle (New York: Sheldon & Company,1875), 40, tomado de http://books.google.com.

2. E. M. Bounds, *The Complete Works of E.M. Bounds* (Radford, VA: Wilder Publications, 2008), 465. Traducción libre.

CAPÍTULO 2: DE LA CONVICCIÓN AL CAMBIO RADICAL

3. E. M. Bounds, The Complete Works of E.M. Bounds (Radford, VA: Wilder Publications, 2008), 449. Traducción libre.

CAPÍTULO 4: EL PROPÓSITO DE LA ORACIÓN RADICAL

4. John Piper, "Be a Radically God-Centered Pastor," tomado de www.desiringgod.org/conference-messages/be-aradically-god-centered-pastor.

CAPÍTULO 5: LA PERSISTENCIA DE LA ORACIÓN RADICAL

5. Tom Stuart, "One parable we all misinterpreted," Web blog post, Noviembre 26, 2010. Tomado de tomstuart.org/2010/11/26/one-parable-we-all-misinterpreted/. Stuart es el pastor y director ejecutivo de Twin Cities House of Prayer in Minneapolis.

CAPÍTULO 6: EL PODER DE LA ORACIÓN RADICAL

6. Spurgeon, *Lectures to My Students* (New York: Sheldon & Company, 1875), 79.
7. E. M. Bounds, *The Complete Works of E.M. Bounds* (Radford, VA: Wilder Publications, 2008), 365.
8. Ibid., 366.

CAPÍTULO 9: REDENCIÓN RADICAL

9. Arnold A. Dallimore, George Whitefield: *God's Anointed Servant in the Great Revival of the Eighteenth Century* (Wheaton, IL: Crossway, 1990), 200.
10. Ibid., 30.
11. Ibid.
12. Así como ibid., 201.

CAPÍTULO 10: ¿LISTO PARA SER RADICAL?

13. Spurgeon, *Lectures to My Students*, 79.
14. E. V. Hill, "What You Have When You Have Jesus," Founder's Week conference, Moody Bible Institute, February 1980.
15. Manny Mill with Jude Skallerup, *Radical Redemption* (Chicago: Moody, 2003), 164–168. Sasha had located me through the Internet, and Bárbara and I met her in New Jersey one year after she called me.

CÓMO CONTACTARSE CON KOINONIA HOUSE

Koinonia House® National Ministries
P.O. Box 1415
Wheaton, IL 60187-1417
Tel: 630-221-9930 / Fax: 630-221-9932
Email: info@khnm.net

Internet Medios Sociales
www.khnm.net
www.MannyMill.com
www.Facebook.com/

KoinoniaHouseNationalMinistries
www.instagram.com/koinonia_house
www.RadicalTimeOut.info
www.Twitter.com/MannyMill